전용복 목사 묵상시1
하나님의 아들에게 입맞추라

:: 전용복 목사의 다른 책들

- 하나님은 누구신가?
- 지방교회의 정체
- 아멘! 주 예수여, 어서 오시옵소서
- 오직 성령이 너희에게 임하시면
- 그리스도를 본받아
- 묵상과 평강
- 경건에 이르기를 연습하라
- 최면술의 실체와 그 종교적 이용
- 하나님과 함께 걸으라
- 울어라 열풍아 밤이 새도록
- 내가 본 천국과 지옥 이야기들
- 하나님이 되고 싶어라
- 회의를 잘 해야 교회가 산다
- 하나되는 한국 장로교회사
- 교회를 어지럽히는 다른 복음이 있다
- 토론하라!
- 법은 법이야!(상)
- 법은 법이야!(하)
- 장로교 이야기
- 영적 비만, 영적 다이어트
- 온 세상 지옥 이야기
- 로마가 말한다(상)
- 야곱 생애의 부흥
- 비대면 시대를 이기는 비결
- 로마가 말한다(하)
- 산이 말한다
- 고신의 북두칠성
- 산이 노래한다(시집)
- 내 마음을 아신다고? 설마
- 물과 꽃들의 함성(시집)
- 불신앙의 강을 건넌 아브라함의 전능신앙

전용복 목사 묵상시1
하나님의 아들에게 입맞추라

1판 인쇄일 2024년 8월 30일
1쇄 발행일 2024년 9월 7일

지은이 _ 전용복
펴낸이 _ 한치호
펴낸곳 _ 종려가지
등록 _ 제311-2014-000013호(2014. 3. 20)
주소 _ 서울특별시 은평구 은평로 14길, 9-5
 전화 02. 359. 9657
디자인 _ 표지 이순옥 / 본문 구본일
제작대행 세줄기획(02. 2265. 3749)
영업대행_두돌비(02.964.6993)

값 14,000 원

ISBN 979-11-90968-89-8

ⓒ 2024, 전용복

* 전용복 목사 010-4767-1956

문서사역에 대한 질문은 010. 3738. 5307로 해주십시오.

하나님의 아들에게 입맞추라

전용복 목사

문서시역
종려가지

머리말

묵상은 말씀을 깊이 생각하면서 그 말씀이 우리에게 말해주는 것을 듣고 거기에 천천히 응답하는 것이다. 묵상기도는 자기가 하나님의 사랑을 받고 있다는 것을 알면서 그 하나님과 단둘이 이야기함으로 사귀는 친밀한 나눔이다.

"나의 반석이시요 나의 구속자이신 여호와여, 내 입의 말과
마음의 묵상이 주님 앞에 열납되기를 원하나이다."(시 19:14)

지금 세계에 명상의 불길이 맹렬하게 타오르고 있다. 그것은 현대적 삶의 속도, 변화, 복잡에 대한 반작용이다. "인간의 모든 불행은 고요하지 못한 데 있다"(파스칼). 그런 흐름에 따라 기독교 안의 강력한 묵상의 전통이 되살아나고 있다.

우리는 묵상할 때 성경을 지적으로 이해할 뿐만 아니라 감정적으로도 느껴야 한다. 그러기 위하여 우리는 상상력을 활용해야 한다. 우리는 묵상하면서 하나님이 성령으로 내 마음에 말씀하시는 그 음성을 들어야 한다. 우리는 내 심령으로 들은 바를 순종해야 한다. 우리는 순종함으로 하나님을 즐겁게 할 수 있다.

우리가 묵상할 내용은 다양하나 그중에서 첫째가 성경 말씀이다. 그 말씀은 하나님의 뜻을 알려준다. 그 말씀의 핵심 주제는 우리 구주 예수 그리스도다. 우리는 그 예수님을 깊이 묵상함으로 그의 삶이 우리의 삶이 되도록 해야 한다.

나는 성경 말씀을 묵상하면서 그것을 시로 써보았다. 그저 묵상하기만 하면 그때는 은혜를 받으나 나중에 남는 게 없다. 나는 그 묵상의 내용을 시로 씀으로 아주 깊이 묵상할 수 있었고, 그것을 기록으로 남기니 뒤에 그것을 되살릴 수 있었다. 그저 단순한 기록보다 시로 쓰니 그 내용이 더욱 풍성해졌다.

아무쪼록 나의 이 말씀시를 읽는 분들에게 내가 묵상하면서 받은 은혜가 임하기를 주님께 간절히 빈다.

2024년 8월 12일

하나님을 생각나게 하는 지리산 천왕봉 옆에서

전용복

차례

머리말 ___ 4

I. 여호와의 성산에 설 자 누구인가?

복자(福者) ___ 15
하늘에 계신 이가 비웃으심이여 ___ 16
하나님의 아들에게 입맞추라 ___ 18
나의 많은 대적이 나를 둘러치려 하여도 나는 ___ 19
주께서 내 마음에 두신 기쁨은 ___ 21
매일 분노하시는 하나님 ___ 22
사람이 무엇이관대 ___ 24
나의 소박한 소원 ___ 26
심판주 여호와는 ___ 28
악인의 말 ___ 30
악인과 의인 ___ 32
지금 세상에는 ___ 33
언제까지입니까? ___ 34
악한 세상에서의 여호와의 구원 ___ 35
여호와의 장막에 머무를 자 ___ 36
내가 주께 피합니다 ___ 37
나는 나를 지켰습니다 ___ 39
"여호와여 주의 손으로 나를 구원하소서" ___ 40
여호와는 나의 힘, 우리의 무기 ___ 41

주님은 행한대로 갚으신다 ___ 43
만물의 소리, 하나님의 말씀 ___ 44
하나님이 만드신 태양 ___ 45
여호와의 말씀 ___ 47
우리의 소원 ___ 49
주님의 권능 찬양 ___ 50
나의 하나님 어찌하여 ___ 51
여호와 그는 나의 구원자시니 ___ 53
다 모여 찬양할지어다 ___ 55
여호와는 나의 목자라 ___ 56
여호와의 성산에 설 자 누구인가 ___ 58
영광의 왕 ___ 59
여호와여 ___ 60

Ⅱ. 나는 주의 얼굴을 찾습니다

여호와여, 나를 재판하소서 ___ 65
여호와께서 나의 빛, 구원이시니 ___ 67
나는 주의 얼굴을 찾습니다 ___ 68
내게 침묵하지 마소서 ___ 70
여호와께 돌려라 ___ 71
여호와의 음성 ___ 72
내가 주님을 높입니다 ___ 73
나는 여호와께 피합니다 ___ 75
가장 큰 복 ___ 77
여호와를 즐거워하라 ___ 79
내가 여호와를 송축할 것이라 ___ 81
여호와를 경외하여라 ___ 83

한평생 좋은 것 보기 원하는 자 ___ 84
마음이 상한 자 ___ 85
여호와여, 나와 싸우는 자와 싸워주소서 ___ 86
내 원수가 나를 대적하여도 ___ 88
하나님을 두려워하지 않는 악인 ___ 89
여호와를 신뢰하는 자의 고백 ___ 90
땅을 차지할 자 ___ 91
악인 때문에 불평하지 말라 ___ 93
의인에 대한 하나님의 돌보심 ___ 95
오직 주만 바라봅니다 ___ 97
나의 소망은 오직 주께 있나이다 ___ 99
여호와께서 내 부르짖음을 들어주셨도다 ___ 101
주의 긍휼을 내게 베푸사 ___ 102
가난한 자를 보살피는 자는 복되도다 ___ 104
하나님을 갈망하고 그에게 소망을 두라 ___ 105
나를 건져 주가 계신 성산에 오르게 하소서 ___ 107
하나님이여, 주는 우리의 왕이시니 ___ 108
이 모든 것은 우리의 죄악 때문이니 ___ 109
우리의 왕은 아름다워라 ___ 111
우리 왕의 아름다운 왕후 ___ 112
하나님은 우리의 피난처, 힘이시니 ___ 113
찬송하라 하나님을 찬송하라 ___ 115
시온성 ___ 116
뭇 백성들아, 귀담아 들어라 ___ 117
항상 번제를 드림이 마땅하다 ___ 119

Ⅲ. 네 짐을 여호와께 맡겨라

오 주여, 피 흘린 죄에서 나를 건지소서 ___ 123
네가 어찌하여 악한 계획을 자랑하는가 ___ 125
어리석은 자는 ___ 127
하나님은 내 생명을 붙들어 주시는 이시다 ___ 129
내 원수는 나의 동료, 가까운 친구라 ___ 130
네 짐을 여호와께 맡겨라 ___ 132
요낫 엘렘 르호김(<성전서> 멀리 있는 비둘기) ___ 134
하나님이여, 내게 은혜를 베푸소서 ___ 136
새벽에 깨리라 ___ 138
너희 독사의 자식들아 ___ 140
나의 하나님이여, 나를 건져 높이 드소서 ___ 142
지금 우리를 회복시키소서 ___ 144
나의 기도, 부르짖음을 들으소서 ___ 145
하나님은 우리의 자굴산(闍崛山) ___ 147
내 영혼아, 잠잠히 하나님만 바라라 ___ 148
아 슬프도다, 인생이여 ___ 150
주는 나의 도움이 되셨음이라 ___ 152
나는 여호와께 피하리니 ___ 154
주의 뜰에서 살게 하셨으니 ___ 156
다 즐거이 외치고 기쁨으로 노래합니다 ___ 157
와서 하나님이 행하신 구원을 보라 ___ 158
주의 얼굴 빛을 우리에게 비추사 ___ 160
하나님은 모두에게 자유와 평강을 주신다 ___ 161
하나님이 높은 산 바산의 산에 계심이여 ___ 162
우리의 구원이신 하나님 ___ 163
온 누리에 평화를 주신다 ___ 165

나의 모진 고난, 주님께 아룁니다 ___ 166
원수들을 향한 저주 ___ 168
하나님이 나를 구원하여 높이신다 ___ 169
나는 오직 주만 바라봅니다 ___ 170
나는 노쇠하여도 주를 믿고 찬양합니다 ___ 172
이상적인 멋진 왕 ___ 174
악인의 종말을 깨달으라 ___ 176
어찌하여 주께서 우리를 영원히 버리십니까 ___ 178
주는 예로부터 우리의 구원의 왕 ___ 179
때가 되면 바르게 심판하리라 ___ 181

Ⅳ. 그의 이름은 평강의 왕이라

마헬살랄하스바스 ___ 185
그의 이름은 평강의 왕이라 ___ 187
평화의 나라 ___ 189
남은 백성이 돌아오리라 ___ 191
감사, 찬송 ___ 192
아침의 아들 계명성, 떨어진 마귀, 사탄 ___ 193
아, 슬프다, 아리엘이여 ___ 195
패역한 백성은 망한다 ___ 196
하나님을 기다리는 자마다 복이 있도다 ___ 197
의로 통치하는 왕 ___ 198
광야에서 물이 솟고 사막에서 시내가 흐를 것이라 ___ 199
내 말에 귀를 기울일지어다 ___ 201
그는 존경받는 대통령이 되리 ___ 202
시온성을 보라 ___ 203
너희는 나아와 나의 말을 들어라 ___ 204

하나님이여, 들으소서, 보소서, 구원하소서 ___ 206
내 백성을 위로하라 ___ 208
여호와 하나님의 행차시다 ___ 209
인생은 풀이나 하나님의 말씀은 영원히 선다 ___ 210
소리높여 외쳐라 ___ 211
하나님을 누구와 비교할까? ___ 212
전지, 전능하신 여호와를 앙망하라 ___ 214
만군의 여호와, 전능한 하나님께로 ___ 216
두려워하지 말라 ___ 217
보라, 주의 종을 ___ 219
나는 여호와이니 ___ 221
새 노래로 찬송하라 ___ 223
너는 내 것이라, 내가 지키리라 ___ 224
보라, 내가 새 일을 행하리라 ___ 226
야곱아, 두려워하지 말라 ___ 228
여호와는 이스라엘의 구속자이시니 ___ 229
빛과 평안을 구하라 ___ 230
공의, 구원이 온 땅에 충만하라 ___ 231
강 같은 평강, 바다 물결 같은 공의 ___ 232
여호와께서 응답하셨고 도우셨도다 ___ 233
여호와여, 능력을 베푸소서 ___ 234
우리의 위로자 여호와가 이르시되 ___ 235
좋은 소식을 노래하라 ___ 236
죄악된 데서 나오라 ___ 237
하나님의 종의 고난과 영광 ___ 238

I. 여호와의 성산에 설 자 누구인가?

복자(福者)

누구나 다 사람은
복을 원한다
복자 되기 바란다
간절히 소원한다

복자 그는
악한 꾀부리지 않고
죄를 아예 멀리하고
오만 근방에도 안 간다

복자 그는
여호와의 생명의 법을
밤낮으로 즐기고 마음에 새기고
날마다 읊조린다

그런 복자는
물 가의 나무 되어
잎이 무성하고 열매가 풍성하다
그가 하는 모든 일은
형통의 열매, 만사형통이 된다
[시 1:1-3]

하늘에 계신 이가 비웃으심이여

하나님을 완전 떠나
사람들끼리 놀아나고
힘만 자랑하며
방주 짓는 노아 비웃던 자들
그가 비웃으시니
다 물에 잠겼다
완전히 수장되었다

탑을 높이 쌓아
하늘에 닿게 하여
하나님께 도전하고
온 천하에 이름 내고
뭉쳐 살자 하던 자들
자신만을 믿고 모든 것을 비웃던 자들
그가 비웃으시니
언어 혼잡하여 다 흩어졌다
완전 바벨이 되었다

온갖 죄악 연출하고
동성애 성폭행 즐긴
짐승보다 못한 소돔 고모라인들

롯이 말해도 비웃기만 하던 자를
그가 비웃으시니
유황불에 다 녹아버렸다
그 땅 사해 되었다

예수 하나님의 아들
십자가에 못박으며
그 죄 우리와 우리 자손에게
외치며 승리했다 하던 자들
십자가서 내려오라 비웃던 자들
그가 비웃으시니
나라 망해 온 세상으로 흩어졌다
육백만이 학살되었다

하나님은 없다
인간이 하나님이다
우리가 만든 이 좋은 세상이 천국이다
외치고 큰소리로 노래하며
하나님을 비웃는 현대의 원시인들
그가 비웃으시니
산이 덮치고 땅이 갈라지고
핵폭탄이 터진다
지옥이 전개 된다
 [시 2:4]

하나님의 아들에게 입맞추라

예수는
하나님의 외아들
이 땅에 인간으로 와
우리 구원 위해
십자가에서 죽으셨다
피 흘려 생명 바쳐
우리를 살렸다

그 하나님의 아들에게
사랑, 감사, 충성의 입맞춤
너무도 당연하다
기쁨으로 날마다 키스하리
그렇지 아니하면 사랑의 배신이니
길에서 진노로 망한다
그 달콤한 입맞춤
오늘 우리에게 만복이 된다
[시 2:12]

나의 많은 대적이 나를 둘러치려 하여도 나는

나의 대적이 많다
내가 잘못해 생긴 대적
내가 잘해서 생긴 대적
자기가 잘못해 나를 미워하는 대적
무조건 싫어하는 대적
나의 대적은 천만인이나 된다

그 많은 나의 대적은
나를 비웃고 비난한다
일어나 나를 친다
떼를 지어 나를 둘러친다
완전히 땅바닥에 내동댕이친다
죽이려고 칼을 들이댄다
그것도 등 뒤에서

그러나 나는 두려워 않는다
주는 나의 방패, 영광, 머리 드는 자
성산서 나의 기도에 응답하는 자
항상 나를 붙드는 자
나의 원수의 뺨을 치고 이를 꺾는 자
구렁텅이에서 나를 구원하고
언제나 복을 내리시는 자시니
전혀 두려워 않는다
믿고 기도할 뿐이다
[시 3:1-8]

주께서 내 마음에 두신 기쁨은

주께서 내 마음에 두신 기쁨은
곡식, 새 포도주의 풍성보다
사업의 성공보다
세상의 그 어떤 것보다
훨씬 더 크도다

주께서 내 마음에 두신 기쁨은
하나님의 자녀
예수님의 동생
천국 백성 되는 기쁨이니
너무 크고 커서
마음이 터질 것 같다

주께서 내 마음에 두신 기쁨은
속에서 솟아나는 감사 찬송
자원하여 하는 충성 봉사
사랑의 손길을 내미는 교제
평안한 단잠이 된다
[시 4:7-8]

매일 분노하시는 하나님

하나님은 의로운 재판장이시니
넘치는 죄악 보고
무도한 악인들 보고
매일 매일 분노하신다

매일 분노하시는 하나님은
회개치 않는 자에게 칼을 갈고
활을 당겨 화살을 날린다
온갖 죽일 무기 예비하심이여
불화살, 독화살
미사일, 원자폭탄
스텔스기, 핵잠수함
온 세상 겁난 무기로 가득하다

매일 분노하시는 하나님은
죄악에 죄악을 더하는 자에게
자기가 판 웅덩이, 함정에 빠지고
자기가 만든 덫에 걸리고
재앙이 그의 머리에 내리고
그의 포악이 그의 정수리에
우박처럼 쏟아지게 한다

매일 분노하시는 하나님은
매일 매일 분노해도 끝이 없으니
한 번의 큰 분노, 최후의 대심판을
집행하려 하신다
지옥문을 활짝 열고
단번에 처넣으려 하신다
 [시 7:11-17]

사람이 무엇이관대

사람이 무엇이관대
그 아름다운 이름을 온 땅에 두시고
그 놀라운 영광을 온 우주에 펼치시고
거대한 우주와 그중의 해, 달, 별들
순식간에 말씀으로 다 지으신 하나님이
생각하시고 권고하시는가
돌보시고 사랑하시는가

인자가 무엇이관대
천사에 버금가게 하시고
영화와 존귀로 관을 씌워
만물의 영장 되게 하여
그 지으신 모든 것들 다스리고
모든 우양, 들짐승, 새, 물고기
돌보고 이용하게 하시는가
온 우주의 주인공 되게 하시는가

그 위대하시고 사랑 넘치는 하나님 앞에서
주의 대적은 무너지고
우리의 원수와 보수자는 입을 다무니
어린 아이와 젖먹이도
그 권능을 찬양하도다
온 세상 모든 성도들
할렐루야 외친다
 [시 8:1-9]

나의 소박한 소원

주님 내가 어쩌다가
마음속에 감사가 찌들고
온갖 부정적인 생각
원망 불평이 꾸물거립니다
이제 내가 에나 온 마음으로
여호와께 감사하겠습니다
소소한 일에도 꼭 크게 감사하겠습니다

주님 내가 어쩌다가
마음속에 감격이 사라지고
주의 모든 놀라운 일들
천지창조 십자가 구원까지도
작은 일 예사 일로 생각합니다
이제 내가 진짜 온 마음으로
그 일들 새롭게 확신하고
만나는 자들에게 꼭 전하겠습니다

주님 내가 어쩌다가
마음속에 주 안에서의 기쁨 즐거움이 사라지고
온갖 염려 걱정 근심
불안 공포가 스멀거립니다
이제 내가 정말 온 마음으로
참된 기쁨 즐거움으로
날마다 열심히 찬송하겠습니다
 [시 9:1-2]

심판주 여호와는

여호와는 심판의 보좌에
영원히 좌정하신다
심판주 여호와는
세상을 때때로 심판하시고
최후 대심판을 예비하고 계신다

세상에는 불의한 재판이
차고 넘쳐 우는 자 많으나
심판주 여호와는
공의로 세계를 판결하시며
공정하게 만백성을 재판하신다

심판주 여호와는
공의, 공정의 판결로
악인들이 실패하게 하시고
그들이 두려워 떨게 하시며
자신들이 인생일 뿐임을
고백하게 하신다

심판주 여호와는
공의, 공정의 판결로
선인들이 승리를 노래하고
기뻐 뛰게 하신다
공의의 하나님을 믿음이 최선임을
고백하게 하신다
[시 9:7-8, 19-20]

악인의 말

"나는 흔들리지 않으며
 대대로 불행을 당치 않으리라."
나는 아무리 악한 일을 해도
내 마음 스스로 요동치 않고
어떠한 흔듬도 타지 않으리
나 자신은 물론이고
자손 대대로 불행은 없으리
행복만 가득하리라

"하나님은 잊으시고
 자기 얼굴을 가리셨으며
 영원히 보지 않으실 것이라."
하나님은 다 잊고
나아가 자기 얼굴 스스로 가리셨으니
아무것도 볼 수 없다
그는 영원히 영원히 맹신이다

"주는 문책하지 않을 것이다."
하나님은 보지 못하고
판단치 못하니
어떤 다스림, 심판도 없다
그러니 우리는 얼마든지
악을 행해도 된다
겁 없이 죄악을 즐겨도 된다

"하나님은 없다."
하나님이 어디 있나
하나님은 보이지 않으니
산, 들, 강, 바다 어디에도
하나님은 없다
이 우주에 우리가 주인이다
우리가 바로 하나님이다
 [시 10:6, 11, 13, 14]

악인과 의인

악인은 활을 당겨서
화살을 시위에 먹이고
캄캄한 어둠 속에서
의인을 향하여 마구 쏜다
그러나 성전에 계신 여호와는
악인과 폭력을 좋아하는 자를
마음으로 크게 미워하신다
그들 위에 그물과 불, 유황, 열풍을
소낙비처럼 내리신다
그것이 그들의 잔의 몫이다
그들은 순식간에 사라진다

의인은 하늘 보좌에 계시며
인생을 굽어보시고 살피시는 여호와께
피신했으니 안전하다
여호와는 의로우시고 의로움을 좋아하시니
의인을 살피시고 보호하시며
정직한 자에게 얼굴을 내미신다
의인은 항상 하나님의 얼굴을 뵙는다
그가 있는 곳은 어디나 '브니엘'이다
[시 11:1-7]

지금 세상에는

지금 세상에는
경건한 사람이 끊어졌고
신실한 사람들이
다 사라졌습니다
도무지 찾을 수가 없습니다

지금 세상에는
사악한 자들이 서로
이웃에게 헛된 것을 말합니다
아첨하는 입술과 두 마음으로
거짓을 참인 것처럼 말합니다
거짓말이 활개치고 다닙니다

지금 이 세대는
비열함이 활개치고
인기주의자가 높임 받으며
사방에 악인이 활보합니다
다니기가 겁이 납니다
[시 12:1, 2, 8]

언제까지입니까?

여호와시여 언제까지입니까?
언제까지 나를 잊으시겠습니까?
언제까지 주의 얼굴을
내게서 감추시겠습니까?
언제까지 내 영혼의 번민
날마다 일어나는 마음의 근심을
못 본척하시겠습니까?
언제까지 내 원수가
내 위에서 군림해야 합니까?

하나님 아버지 언제까지입니까?
언제까지 세상 물결이
교회로 밀고 들어옵니까?
언제까지 불건전한 신비한 소리가
사람들을 끌고 갑니까?
언제까지 물질이면 다 된다
하는 자들이 설교를 합니까?
언제까지 이기주의, 교권주의가
교회 안에서 춤을 춥니까?
언제까지 우리는 핵타령을 해야 합니까?
[시 13:1-2]

악한 세상에서의 여호와의 구원

여호와는 하늘에서
인생들을 살피시고 보신다
명철하여 하나님을 찾는 사람이 있는가
지혜로워 선을 행하는 사람이 있는가

그러나 여호와는
연에 크게 실망한다
하나님을 찾는 사람
선을 행하는 자
하나도 없으니
여호와의 백성을
떡 먹듯이 먹으니

그러나 여호와는
그 악한 세상에서
자기 백성의 피난처가 되시며
원수에게 포로된 자리에서
돌이켜 해방시키신다
그때에 우리는 기뻐하고 즐거워하리
찬송이 우리 입에 가득하리
  [시 14:1-7]

여호와의 장막에 머무를 자

여호와의 장막에 머무를 자
그의 거룩한 산에 올라갈 자
그의 가족이 될 수 있는 자
그는 어떤 자인가?
그는 어떻게 하는가?

그는 항상
온전하게 행하며 의를 행하고
진실만을 말한다
거짓은 입밖에도 내지 않는다
여호와가 버린 자를 멸시하고
여호와 경외자를 존경한다

그는 언제나
혀로 험담하지 않고
이웃을 비방하지 않으며
악을 행치 않는다
서원은 절대로 변경치 않으며
더러운 이를 취하지 않고
뇌물을 단호히 물리친다
[시 15:1-5]

내가 주께 피합니다

내가 주께 피합니다
주님만이 내게 복이기 때문입니다
다른 신은 아무리 따라도
괴로움, 저주만 내리나
주님을 따르면 만복이 옵니다.

내가 주께 피합니다
여호와는 내 산업, 잔의 소득이기 때문입니다
주님은 항상 내 분깃을 지킵니다
주께서 내게 줄로 재어 준 구역은
멋지고 좋은 곳이며
나의 기업이 실로 아름답습니다

내가 주께 피합니다
여호와는 나를 교훈, 훈계하시기 때문입니다
그렇잖으면 내가 흔들릴 것이나
나는 언제나 바르게 나갑니다
여호와를 항상 내 앞에 모시고
좌우로 치우치지 않고 갑니다

내가 주께 피합니다
주께서 나를 썩지 않게 하실 것이기 때문입니다
주께서 내 영혼을 이미 살렸고
육체도 무덤에서 부활시킬 것입니다
그러므로 내 마음이 즐거워하고
나의 영혼이 기뻐하며
내가 항상 안전히 살 것입니다

내가 주께 피합니다
주께서 생명의 길을 내게 보여주셨기 때문입니다
주님은 죄로 죽고 영원한 지옥 갈 나를
구원하여 천국의 영생을 주셨습니다
나는 항상 주님 안에서 기쁨이 충만하며
영원한 즐거움을 만끽합니다
[시16:1-11]

나는 나를 지켰습니다

나는 내 입을 지켰습니다
나는 내 입으로
죄를 짓지 않기로 작정하였습니다
안 좋은 말, 악한 말 안 하기로
나는 내 입에 파수꾼을 세웠습니다
그런 말이 못 나오도록

나는 나의 행실을 지켰습니다
나는 오직 주의 입술의 말씀을 따르고
포악한 자의 길을 떠났습니다
내 걸음이 주의 발자취를 따랐고
내 발이 거기서 벗어나지 않았습니다
언제나 곁길로 가지 않았습니다

주께서 내 마음을 시험하시고
밤중에 나를 찾아와 살펴도
아무 허물도 찾지 못하실 겁니다
주가 만드신 해, 달, 별들 앞에서
나는 하나도 부끄럽지 않습니다
내 마음은 반짝반짝 빛이 납니다
[시 17:3-5]

"여호와여 주의 손으로 나를 구원하소서"

나를 괴롭히는 악인들
나를 에워싸고 생명을 노리는 원수들
그들은 이제
우리의 걸음을 완전히 에워싸고
나를 싸늘한 눈으로 노려보며
땅바닥에 메어치려고 합니다
그 모습은 찢으려는 사자 같고
은밀한 곳에 엎드린 젊은 사자 같습니다

여호와여 신속히
나를 눈동자 같이 지키시고
주의 날개 그늘에 나를 숨기소서
여호와여 일어나
그들을 주의 칼로 굴복시키시고
나의 생명을 구원하소서
주의 손으로 나를 구원하소서
그리하면 나는
정신차려 주의 얼굴을 볼 것이니
주의 형상만으로도 만족하겠습니다
[시 17:8-15]

여호와는 나의 힘, 우리의 무기

여호와는 나의 힘

나의 반석

나의 요새

나의 하나님

나의 피할 바위

나의 방패

나의 구원의 뿔

나의 산성

나를 건지시는 분

하나님은 우리의 무기

우리의 자동소총

우리의 탱크

우리의 대포, 미사일

우리의 전략폭격기

우리의 항공모함

우리의 핵무기

하나님은 그것들로

온 세상을 일시에 심판하실 심판주

그래서

내가 주를 열렬히 사랑합니다

내가 주를 진심으로 찬송합니다

날마다 "할렐루야" 외칩니다

나의 힘, 우리의 무기이신 주님이

나를 원수에게서 구원하실 줄

확실히 믿습니다

나는 마음이 아주 든든합니다

[시 18:1-3]

주님은 행한대로 갚으신다

주님은 자비로운 사람에게는
주의 자비를 베푸시고
온전한 사람에게는
주의 온전함을 보이시며
깨끗한 사람에게는
주의 깨끗함을 보이시고
그릇된 사람에게는
주의 진노를 보이시니
주님은 내 의를 따라 갚으시되
언제나 내가 행한대로 갚으신다

악을 심고 선을 바라는 자
불의를 뿌리고 의를 거두려는 자
미움을 주고 사랑을 받으려는 자
참으로 어리석다
암만 암만 바래도
주님께서 막을 것이니
무슨 열매 있겠나
언제나 헛된 꿈을 버리라
마음부터 바로 하여 바른 소망 가지라
[시 18:25, 26]

만물의 소리, 하나님의 말씀

우주에 저절로 생긴 것 하나 없고
다 하나님이 태초에 창조했다
전능의 능력으로, 오직 말씀으로 나온
하늘이 하나님의 영광을 선포하고
만물이 그의 솜씨 나타낸다
날마다 하나님을 선전한다

그 만물 살아 움직이나
언어도 없고 말씀도 없으며
들리는 소리도 없다
그러나 마음으로 귀 기울이면
하나님의 소리 온 땅에 통하고
그의 말씀이 세상 끝까지 이른다
만물이 그의 소리, 말씀
열심히 방송한다
[시 19:1-4]

하나님이 만드신 태양

하나님이 태초에
자기 닮은 태양을 만드셨다
하나님이 그 태양 위하여
하늘을 그의 장막으로 주셨다
하늘은 태양의 집, 놀이터다

태양은 신방에서 나온 신랑 같아
멋지고 아름답다
눈이 부셔 바로 보기 힘든다
항상 싱글벙글 웃는다

태양은 그 길을 달리기 기뻐하는
장사 같아서
힘이 차고 넘친다
하늘 이끝에서 나와서
하늘 저끝까지 쉬지 않고 운행한다

태양은 온 세상에
따뜻한 열기 발하고
밝은 빛 비춰서
모든 생물 살게 한다
모든 생물 살리는
하나님의 자비한 사업을
그저 묵묵히 수행한다
그 자비한 하나님의 은총을
반짝반짝 빛나며 노래한다
[시 19:4-6]

여호와의 말씀

여호와의 말씀은 완전하여
영혼을 소생시키고
그 증거는 확실하여
어리석은 자를 지혜롭게 하며
그 교훈은 정당하여
마음을 즐겁게 하며
그 명령은 순수하여
눈을 밝게 하도다
그 도는 정결하여
영원토록 지속되고
그 법도는 진실하여
한결같이 의롭도다

그 말씀 깨닫는 자
그것을 금 곧 순금보다
더 사모한다
세상 어떤 것보다
더 좋아하고 사랑한다
그것을 꿀 곧 송이꿀보다
더 달게 먹는다
그것을 날마다 입으로 말하고

마음으로 깊이 묵상한다
그로 인한 열매
그 말씀 내신 하나님께
기쁨으로 올려드린다

그 말씀을 따르는 자 누구나
자기의 잘못을 솔직히 깨닫고
숨겨진 잘못들을 낱낱이 드러내며
고의로 짓는 죄 절대로 안 짓는다
큰 죄, 작은 죄 다 멀리하여
온전하고 깨끗해진다
그 말씀 지킨 자로 큰 상 받는다
그가 쓴 면류관 해처럼 빛난다
 [시 19:7-14]

우리의 소원

여호와 주께서
환난 날에 구원하시고
높여 빛나게 하시며
도우시고 붙드시며
모든 제사 기억하고
받아 주시기를 원하노라

어떤 사람은 병거
어떤 사람은 말을 의지하나
우리는 하나님만을 의지하고
그들은 비틀거리고 엎드러지나
우리는 일어나 바로 서기 원하노라
힘차게 전진하기 원하노라

그리하여 우리가
승리로 말미암아 개가를 부르고
하나님의 이름으로 깃발을 세우며
구원하는 힘으로 응답하시는 하나님께
감사 찬송하기 원하노라
그의 이름을 자랑하기 원하노라
[시 20:1-9]

주님의 권능 찬양

주님께서
마음의 소원 성취
머리에 순금 관
영원히 긴 생명
존귀와 영화 입힘
기쁨, 즐거움으로 충만
결코 흔들리지 않음
항상 주시니

우리가 주님의 권능을 즐거워하며
주님의 구원을 크게 기뻐합니다
주님의 능력으로 높임을 받으소서
우리가 주님의 권능을
노래하며 찬양합니다
영원토록
[시 21:1-13]

나의 하나님 어찌하여

나의 하나님, 나의 하나님
어찌하여 나를 버리셨나이까
어찌하여 나를 멀리하시며
돕지 아니하시나이까
어찌하여 내 신음소리를
듣지 아니하시나이까
내가 낮에도 부르짖고
밤에도 잠잠치 않으나
주께서 못 들은척하십니다
버림받은 고독감 가득합니다

나는 벌레요 사람이 아니라
완전 괴물이 되었습니다
사람의 비방거리
백성의 조롱거리라
보는 자마다 다 나를 비웃고
입술을 삐죽거리고
머리를 흔듭니다
"저는 하나님께 버림받았다"
하나이다

그러나 나는 믿습니다
주를 의지한 조상을 구하셨고
수치를 당치 않게 하셨음을
주는 내가 날 때부터 나를 받아
젖먹이 때부터 기르셨음을
수많은 환난, 핍박 중에도
늘 지키시고 구하신 일들을
주가 결코 나를 멀리하지 않으시고
환난에서 반드시 건져주실 줄을
십자가에서 외로이 죽으나
결코 외면하지 않으시고
부활로 승리케 하실 줄을

[시 22:1-11]

여호와 그는 나의 구원자시니

많은 황소가 나를 에워싸며
들이받으려 하고
많은 사자가 입을 벌려
부르짖고 나를 찢으려 하며
많은 개가 나를 둘러싸고
물어뜯으려 하니
나는 쏟은 물 같고
내 뼈는 다 어그러졌으며
내 마음은 밀랍처럼 녹았다
내 힘이 말라 질그릇 조각 같고
내 혀가 입천장에 붙었다
나는 죽음의 진흙 구덩이에 빠졌다
너무도 곤궁하고 처량하다

그러나 여호와 그는 나의 구원자시니
곤궁한 나를 못 본척 안 하시고
결코 멀리하지 않으시고
나를 속히 도와주셨다
그가 내 목숨을 칼에서
하나뿐인 내 생명을
개의 세력에서 건져주셨다
주께서 나를
사자의 입에서 구원하여주셨다
주께서 나를
황소의 뿔에서 구원하셨다
 [시 22:12-21]

다 모여 찬양할지어다

주께서 비천한 자의 고통을
무시하지 않으시고
그를 싫어하지 않으신다
주는 그가 부르짖을 시
그 얼굴을 감추지 않으시고
즐겁게 내미신다
비천하고 약한 자
돌보시고 구하신다
승리케 하신다

구원받은 사람들아
주님을 찬양하라
다 모여 찬양할지어다
야곱의 모든 후손들아
주께 영광을 돌릴찌어다
이스라엘 모든 자손들아
주를 두려워하라
그분의 행한 바를 대대로 전하라
[시 22:22-31]

여호와는 나의 목자라

여호와 그는 나의 목자
나는 그의 양이라
그분이 나를 인도하여
푸른 풀 먹게 하고
시원한 물 마시게 한다
그래서 내 몸이 건강하고
내 영혼이 생기 넘친다
나는 늘 부자라 전혀 부족이 없다
그분이 날 항상 옳은 길 가게 한다
그래서 나는 마음이 편하다
부끄러움이 조금도 없다

나의 목자이신 여호와
그의 양이신 날 사랑하여
자나 깨나 함께하고
지팡이로 지켜주시니
내가 죽음의 골짜기 다녀도
어떤 해를 만나도
전혀 두렵지 않다
언제나 담대하고 용감하다
누가 나를 해치랴

나의 목자이신 여호와
그의 어린 양인 날 끝까지 사랑하여
내 수많은 원수들 앞에서
보란 듯이 날 높여주시고
내 머리에 승리의 관 씌워주시니
내 잔이 차고 넘친다
풍성한 선하심, 인애하심을
날마다 내 머리에 쏟아부어 주시고
사는 날 동안 언제나, 그리고 영원히
차고 넘치게 하시니
나는 언제나 여호와 앞에서 살고
나는 영원한 그의 가족이다
 [시 23:1-6]

여호와의 성산에 설 자 누구인가

여호와의 산
거룩한 하나님이 거하시는 성산
광활한 우주 너머
영원한 평강의 신국
영광의 왕의 궁전

그 거룩한 곳에 설 자 누구인가
그는 손이 깨끗하고
마음이 청결하며
헛된 생각을 아니하고
거짓 맹세 않는 자다
그는 자신을 지켜 세속에 물들지 않는다

그 성산에 선 자
그는 날마다 여호와의 복을 받으며
의롭게 인정받아 구원 받는다
그는 항상 여호와를 찾으며
하나님의 얼굴을 구한다
하나님을 만나 담소하기 원한다
[시 24:3-6]

영광의 왕

문들아, 너희 머리를 들라
영원한 문들아, 들어라
활짝 열어젖혀라
영광의 왕의 행차시다
영광의 왕이 들어가실 것이다

영광의 왕이 누구시냐
그는 땅과 거기 가득한 것과
세상과 그 안에 사는 사람들을
지으셨고 다스리시는 하나님이다
그는 만물의 창조자, 주인, 조종자다
모든 것은 그의 손 안에 있다

영광의 왕이 누구시냐
그는 강하고 용맹하신 여호와
전쟁에서 항상 이기시는 하나님이다
그는 만군의 여호와, 우리 주님
만왕의 왕이시다
온 천하가 그 앞에서 벌벌 떤다
[시 24:1-2, 7-10]

여호와여

여호와여
내 영혼이 주님을 우러러봅니다
내가 주를 신뢰하오니
내가 부끄러움을 당치 않게 하시고
모든 수치 물러가게 하소서
오히려 내 원수들이 수치 당하고
탄식하게 하소서

여호와, 나의 하나님이여
내 영혼이 주님을 바라봅니다
내게 주의 길을 알려주시고
내게 주의 길을 가르치소서
나를 주의 진리로 인도하소서
그 길은 인애와 진리이니
나는 항상 그 길을 걷겠습니다

여호와, 나의 주님이여
나를 불쌍히 여기소서
나는 큰 죄인이로소이다
나의 모든 죄 기억지 마시고
제발 좋게 봐 주소서

주의 거룩한 이름 위하여
내 모든 죄 사하소서

여호와, 오 나의 주님이여
나를 도우소서
나는 외롭고 괴로우니
내게 은혜 베푸소서
나의 고통 너무 커 비참하오니
나를 건져주소서
많은 내 원수들이 나를 미워하오니
내 영혼을 지키시고 구원하소서

전능한 하나님이시여
이 땅을 굽어 살피소서
붉은 핵을 들고 설치고
말폭탄을 연일 터트립니다
대한민국은 갈기갈기 찢기고
거짓말, 사기, 음란, 살인 넘쳐
소돔, 고모라 같습니다
이 위기에서 건지소서
이 땅을 치유하소서
복음으로 거듭나게 하소서
[시 25:1-22]

Ⅱ. 나는 주의 얼굴을 찾습니다

여호와여, 나를 재판하소서

여호와여
나를 재판하소서
내가 주의 법정에 섰습니다
나의 모든 행위를 낱낱이 살펴
나의 결백을 밝히소서

여호와여
내 뜻과 마음을 살피시고
시험하여 나를 단련하소서
내가 주의 진리 안에서 걸었습니다
나는 헛된 자와 함께 앉지 않고
간사한 자와 동행하지 않으며
나는 악인의 모임을 싫어하고
악한 자와 함께 자리하지 않았습니다
나는 매사에 온전하게 행하였고 걸었습니다
언제나 여호와를 신뢰하였습니다

여호와여

내 영혼을 죄인과 함께

내 생명을 살인자와 함께

거두지 마소서

나의 결백을 확실히 밝혀

나의 대적까지 그것을 알게 하소서

그리하시면 회중 가운데서

내가 주의 모든 아름다운 일을 말하겠습니다

내가 소리 높여 여호와를 찬양하겠습니다

[시 26:1-12]

여호와께서 나의 빛, 구원이시니

여호와께서 나의 빛, 구원이시니
내가 누구를 두려워하리요
여호와는 내 생명의 피난처시니
나는 아무도 무섭지 않다
여호와께서 환난 날에
나를 지키시고 감추실 것이니
군대가 쳐들어오고 전쟁이 일어나도
나는 믿는 중에 떨지 않으리

이제 여호와께서 승리케 하실 것이니
내가 주의 장막에서
기쁨의 예배를 드리며
노래하여 여호와께 찬송드릴 것이다
남은 평생 여호와의 집에 살면서
여호와의 아름다움을 바라보고
그 성전서 늘 간구할 것이다
[시 27:1-6]

나는 주의 얼굴을 찾습니다

여호와여, 제가 주의 얼굴을 찾습니다
꼭 만나고 싶습니다
주는 내게 얼굴을 내미시고
나를 긍휼히 여기소서
내게 응답하소서

주님, 나는 주의 얼굴을 찾습니다
여호와여, 제발 주의 얼굴을
내게서 감추지 마소서
나를 떠나지 마소서
나를 버리지 마소서
진노 중에서 나를 내치지 마소서

하나님, 제가 주의 얼굴을 찾습니다
주는 내게 얼굴을 내미시고
주의 길을 내게 가르쳐 주시고
나를 평탄한 길로 인도하소서
원수에게서 나를 건지소서

나는 여호와의 얼굴만 바라리
내 마음을 강하고 담대히 하여
주의 얼굴만 찾고 바라리
그러면 나는 산 자의 땅에서
여호와의 위대하심과 선하심을
영원히 보고 즐길 것이라
야곱처럼 희망에 가득 차 걸으며
여기는 '브니엘'이라 외치리
 [시 27:7-14]

내게 침묵하지 마소서

여호와여
나는 곤궁합니다
나는 소원이 많습니다
내가 주께 부르짖습니다
밤낮으로 간구합니다
내게 귀를 막지 마소서
제발 못 들은 척 마소서
내가 주의 성소를 향하여 손을 들고
주님께 부르짖을 때에
내게 침묵하지 마소서
내 간구하는 소리에 속히 답을 주소서

여호와를 송축하라
새 노래로 그분을 찬양하라
여호와는 간구하는 목소리에
못 들은 척 안 하신다
결코 침묵치 않으신다
그 소원 들어 도움 주신다
구원하고 영원토록 이끄신다
그분은 나의 힘, 방패, 요새, 목자시다
[시 28:1-8]

여호와께 돌려라

하나님의 자녀들아
모든 것을 여호와께 돌려라
권능과 영광을 여호와께 돌려라
모든 것이 여호와에게서 나오고
모든 것이 그분으로 말미암으며
모든 것이 그분께 돌아간다

여호와의 백성들아
그 이름과 권능에 합당한 영광을
여호와께 돌리고
거룩한 옷을 입고
여호와께 경배하라
여호와의 위엄찬 음성
그 음성으로 일어나는 기이한 일들
자기 백성에게 쉼 없이 주는 힘, 평강
언제나 영원히 계속되리
[시 29:1-11]

여호와의 음성

여호와의 음성은 힘이 있고
여호와의 음성은 위엄차다
많은 물소리, 천둥 벼락 소리
자연의 모든 소리 중에
여호와의 음성이 들린다
자세히 들으면 크게 들린다

그 힘이 있고 위엄찬 여호와의 음성이
레바논 백향목을 꺾으신다
레바논을 송아지처럼 뛰게 하신다
화염을 가르시고 광야를 흔드신다
암사슴으로 진통을 겪게 하신다
숲을 벌거숭이로 만드신다
온 천하가 자기 뜻대로 돌게 하신다

영원토록 왕으로 좌정하신 여호와께서
힘이 있고 위엄찬 살아있는 말씀으로
자기 백성에게 힘, 평강을 주신다
성전에서는 모두가
'영광'이라 외치고, 찬양하라 하신다
[시 29:3-11]

내가 주님을 높입니다

여호와시여
내가 주님을 높입니다
주께서 나를 건지셔서
내 대적들이 나로 인하여
기뻐하지 못하게 하셨고
내가 주님께 부르짖으니
주께서 나를 고쳐 주셨으며
주께서 내 영혼을 스올에서 건지시고
악인에게서 나를 살리셨습니다

여호와시여
내가 주님을 찬양하고 감사합니다
주의 노여움은 잠깐이고
주의 은총은 평생이며
저녁에는 눈물이 있을지라도
아침에는 기쁨이 올 것입니다
주의 크신 은혜로
나의 산을 굳게 세우셨습니다

여호와시여

내가 영원히 주님을 찬양하겠습니다

주님은 내게 항상 은혜 베푸시고

나를 돕는 자가 되십니다

주께서는 나의 통곡을 춤으로 바꾸시고

나의 슬픔의 베옷을 벗기시며

내게 기쁨의 띠를 둘러주셨습니다

[시 30:1-12]

나는 여호와께 피합니다

여호와시여
내게 고난이 많으니
내 눈, 영혼, 몸이
근심으로 쇠잔해졌습니다
슬픔으로 내 생명이 다하고
한숨으로 내 해가 다 갑니다
내 기력은 소진되고
내 뼈들이 쇠약해졌습니다
나는 모든 자들의 조롱거리
나를 보는 자는 다 나를 피합니다
나는 깨어진 그릇처럼 쓸모없습니다
공포가 사방으로부터 내게 밀려옵니다
원수가 내 생명을 빼앗으려고
음모를 꾸미고 몰려옵니다

그러나 나는 여호와께 피합니다
주는 나의 피할 바위
나를 구원하는 산성이시라
환난 날에 나의 피난처가 되신다
주는 항상 나를 이끄시고 인도하신다
주는 나를 속히 건지신다

주께서 나를 구속하신다
주께서 나를 승리케 하신다
나는 주님을 신뢰합니다
내 시대가 주의 손에 있으니
내가 누구를 두려워할 것인가
주는 내게 항상 얼굴을 비추시고
인애로 나를 구하신다
주는 내게 부끄러움 당하지 않고
원수들 위에 우뚝 서게 하신다
주의 선하심이 항상 나를
악한 자의 꾀로부터 지키신다

그러니 나는 항상
나의 주 여호와를 송축하리라
할렐루야
구하시고 승리케 하시는
나의 주 하나님을 사랑하리라
그는 나의 사랑하는 그 임이라
마음을 강하게 하고 담대히 하여
그 임의 사랑을 소리 높여 외치리라
하나님은 사랑이시다

[시 31:1-24]

가장 큰 복

가장 큰 복은
부귀영화가 아니라
허물의 사함을 받고
죄가 다 가려지는 복
마음에 간사가 없고
여호와께 정죄 당치 않는 복이라

그 귀한 복은
입을 열어 죄를 표하는 자
허물을 여호와께 자복하고
모든 죄를 숨김 없이 아뢰는 자에게
신속하게 임한다
그 죄들 봄눈처럼 사라진다

그 귀한 복 받은 자는
홍수가 범람해도 미치지 못하고
환난에서 보호받아 구원되며
갈길이 훤하게 열린다
언제나 온유와 겸손의 길 기쁘게 간다
여호와의 인자하심이 사방으로 두른다

너희 용서받은 의인들아
용서하신 여호와를 기뻐하라
영원토록 그를 즐거워하라
이제 정직의 길로 가는 너희들아
다 즐거이 외칠지어다
그의 용서의 큰 사랑을
[시 32:1-11]

여호와를 즐거워하라

너희 의인들아
여호와를 즐거워하라
정직한 마음으로 그를 즐거워하라
수금으로 여호와께 감사하고
열 줄 비파로 찬송할지어다
새 노래로 그를 노래하며
즐거운 소리로 아름답게 연주할지어다
다 모여 '할렐루야' 외칠지어다

그것이 지극히 당연함은
여호와의 말씀은 정직하고
그의 행사는 진실하며
그는 공의와 진실을 사랑하고
인자가 세상에 충만케 함이라

여호와는 천지의 창조주시라
그는 말씀으로 하늘을 지으셨고
입기운으로 만상을 이루셨으며
육지와 바다가 순식간에 나뉘게 하셨다
그가 말씀하매 만물이 이루어졌고
그가 명령하매 굳게 섰도다

여호와의 계획은 영원하고
그의 생각은 대대에 이른다
그는 나라들의 계획을 자기 마음대로
세우기도 폐하기도 하신다
그는 항상 모든 인생을 사랑으로
굽어보고 보살피신다
그는 전쟁의 승패를 한순간에
뒤집고 좌우하신다
그는 자기를 앙망하는 자들의 영혼을
사망에서 건지신다
[시 33:1-22]

내가 여호와를 송축할 것이라

나는 세상의 그 어떤 노래
민요, 국악, 가요, 가곡보다
찬송이 더 좋다
찬송은 내 영혼의 노래다

내가 여호와를 언제나
영원히 송축할 것이니
그가 내 모든 두려움에서
나를 건지셨기 때문이라
그분에 대한 나의 찬송이
내 입에 항상 가득할 것이다

내 영혼이 여호와를 가는 곳마다
찬송으로 자랑하리니
곤고한 사람들이 듣고
위로받고 즐거워할 것이다
듣는 사람마다 누구나
은혜받고 화답할 것이다

너희는 나와 함께 입을 모아
여호와를 칭송하여라
서울 사람, 평양 사람 다 한마음 되어
하나님을 찬양하여라
다 함께 그 이름을 높이자
우리 모두 다 함께
그 권능, 사랑 자랑하자
그 위엄, 영광 온 누리에 드러내자
[시 34:1-3]

여호와를 경외하여라

여호와는 선하시니
그 인자하심이 영원하다
너희는 그의 선하심을 맛보아 알아라
그 선하심은 송이꿀보다 더 달고
송이버섯보다 더 맛있다

여호와의 선하심을 맛본 성도들아
여호와를 경외하여라
두려워 떨며 그 앞에 절하라
참마음으로 그를 높이고 섬겨라
날마다 감사하고 찬송하여라

여호와를 경외하는 자들에게는
부족함이 없고 모든 것이 풍족하다
젊은 사자들은 굶주려도
그를 찾는 사람들은 모든 것이 차고 넘친다
하나님을 멸시하는 사악한 자들은
풍요로운 세상에서 곤핍하여 허덕이나
그분을 존경하고 높이는 자들은
다함이 없는 복을 영원히 누린다
[시 34:8-10]

한평생 좋은 것 보기 원하는 자

그는 악한 말로 사람을
예사로 죽이는 세상에서
혀를 악으로부터 지킨다
악한 말은 마음에서 아예 생각도 않고
좋은 말만 입밖으로 내민다

그는 거짓말, 사기가 춤추는 세상에서
모든 속이는 말은 입술로 지킨다
진실한 말, 진리만 입밖으로 내민다
그는 언제나 진실쟁이가 된다
그의 말은 항상 진실 그 자체다
악에서 떠나 선을 행한다

그는 온갖 불화, 다툼 전쟁이
끊임없는 요란한 세상에서
화평을 찾아 그것을 따른다
모든 싸움 스스로 피하고
화평의 말씀을 끊임없이 전하며
화평의 사신 되어 화목케 한다
그런 그는 하나님의 아들이 된다
[시 34:12-14]

마음이 상한 자

남이 나에게 행한 악
세상의 불의로
마음 상한 자 많다
그는 슬퍼하고 원망한다

내가 남에게 행한 악
세상과 하나님께 저지른 죄로
마음 상한 자 간혹 있다
그는 부끄럼 속에 슬퍼하면서
중심으로 통회한다
그런 그를 하나님이 가까이 하여
모두 다 용서하시고
친구로 삼아 따뜻이 대하며
모든 어려움서 구원하신다
그런 그는 하늘의 위로를 받는다
성령의 평강을 누린다
[시 34:18]

여호와여, 나와 싸우는 자와 싸워주소서

여호와여 나는 수많은 대적이 있습니다
나 향해 자긍하는 자
나의 해 기뻐하는 자
나를 향해 무고히 미워하는 자
다투고 쫓는 자
사자 같이 생명 찾는 자
원수 삼아 멸하려는 자
내 사방에 가득합니다
나는 도무지 혼자서 감당할 수 없습니다

여호와여, 나와 다투는 자와 다투시고
나와 싸우는 자와 싸워주소서
방패와 손방패를 잡으시고
일어나 나의 대적을 막으소서
창을 빼사 나를 쫓는 자를 무찌르소서
내 생명을 노리는 자가 수치를 당케 하시며
나를 해하려는 자로 낭패를 당케 하소서
그들이 바람 앞에 겨와 같이 날아가게 하시고
여호와의 사자 앞에서 도망치게 하소서
그들이 어둡고 미끄러운 길에서
여호와의 사자의 추격을 받게 하소서

나의 생명을 노리는 나의 원수들에게
스스로 친 그물에 잡히게 하시며
졸지에 멸망이 임하게 하소서

여호와여, 주께서 아시오니
못 본척하지 마소서
잠잠하지 마소서
나를 멀리하지 마소서
주의 공의대로 나를 판단하여
나의 의를 밝히소서
그리하여 저희가 부끄러워하게 하시고
기뻐하지 못하게 하소서
저희로 '우리가 이겼다, 소원성취하였다'
하지 못하게 하소서
'우리가 완전히 졌다, 다 실패하였다'
하게 하소서
나의 의를 아는 자들이
즐거워하며 주를 항상 찬송하게 하소서
나의 혀가 주의 의를 외치고
종일 주를 찬송하게 하소서
 [시 35:1-8, 22-28]

내 원수가 나를 대적하여도

내 원수가 내게 대해 악담하기를
그가 속히 죽고 그의 이름이 빨리 없어져라 하고
그에게 악한 병이 들었으니 곧 죽으리라 한다
그가 내 앞에서는 좋게 말하고
나가서는 중심의 악을 널리 선포하며
나를 미워하고 내게 대해 수군거리고
나를 해하려고 온갖 꾀를 부린다
내가 신뢰하고 내 떡을 나눠 먹던
나의 가까운 친구가 나를 대적하여
나를 치고 내 발꿈치를 들었다
세상에 믿을 사람 아무도 없네

그러하오나 주 여호와여
내 범죄를 깊이 회개하오니
나를 고치소서, 내게 은혜를 베푸소서
오히려 주께서 나를 일으키사
내가 그들에게 보응하게 하소서
주가 내게 힘주어 내 원수를 이기게 하소서
내가 주 하나님 여호와를
영원히 송축하게 하소서
[시 41:4-13]

하나님을 두려워하지 않는 악인

악인의 눈에는 하나님을
두려워하는 빛이 전혀 없다
악인은 자기 죄악이 드러나지 않고
미워함을 받지도 아니하리라 자랑한다
그는 하나님의 심판을 무시한다

악인의 입에서는 계속
죄악과 속임만 나온다
그는 지혜와 선행을 그쳤도다
그가 하는 모든 말은
악을 토하는 것, 남을 죽이는 독화살,
속임, 거짓 증거, 사기이다

악인은 어떤 악도 거절하지 않고
침상에서 죄악을 연구하며
일어나 스스로 그 악을 실행한다
죄악의 길을 거침없이 간다
그러나 그는 하나님의 심판으로
넘어지고 엎드러지고 다시 일어날 수 없다
[시 36:1-4, 11-12]

여호와를 신뢰하는 자의 고백

주의 인자하심이 온 하늘에 가득 찼고
주의 진실하심이 공중에 널리 사무쳤으며
주의 의는 너무 커서 하나님의 산들과 같고
주의 심판은 크고 넓은 바다와 같습니다

주의 인자하심은 가장 값진 보배로다
주는 사람과 짐승을 다 구하여 주시니
사람들이 주의 날개 아래에 피합니다
그들이 주의 집의 살진 것으로 풍족하고
주의 복락의 생명강수를 마십니다
주는 진실로 생명의 원천이라
또한 어두움에 비취는 참된 빛이로다

주는 주를 아는 자들에게
주의 인자하심을 계속 베푸시고
정직한 자에게 항상 공의를 베푸십니다
교만한 자의 발을 금하여 주시며
악인들의 손을 뿌리쳐 주십니다
주는 악인들이 넘어지고 엎드러지고
다시는 일어날 수 없게 하십니다
[시 36:5-12]

땅을 차지할 자

악인들은 땅에서 잘 될 것 같아도
보응하시는 하나님의 저주를 받아
진실로 끊어져 없어질 것이고
여호와를 소망하는 자들은
어려움 당하는 일 많아도
늘 하나님이 내리시는 복을 받아
영원히 땅을 차지하리라

완악하고 강퍅한 자들은
타인을 압제하고 횡포 부리나
결국 좋은 땅에서 쫓겨날 것이고
심령이 온유한 자들은
늘 밀리고 손해 보는 것 같아도
그 좋고 넓은 땅을 차지하며
화평으로 즐거워하리라

세상은 불의로 가득하나
의의 태양 주님이 다스리신다
악인들은 몰아내 쫓아버리고
불의한 자들 발붙이지 못하게 하신다
그 땅을 의인이 차지하게 하심이여
그들이 거기서 영원히 살리로다

세상에 죄악이 넘쳐 하늘에 사무친다 해도
너는 여호와만 바라고 그의 도를 지키라
그리하면 반드시
하나님이 네게 땅을 차지하게 하시리라
악인이 땅에서 끊어지게 하시리라
너는 그것을 두 눈으로 똑똑히 보리라
 [시 37:9, 11, 22, 29, 34]

악인 때문에 불평하지 말라

세상에 악인이 잘 되고 성공하는 것 같아도
그들 때문에 불평하지 말며
불의한 자를 시기하지 말라
그들은 풀과 같이 속히 베임 당할 것이고
푸른 채소 같이 쉬 시들 것이다

악한 꾀를 이루는 자가 형통해도
그들 때문에 불평하지 말지어다
분을 그치고 노를 버리라
여호와 앞에서 잠잠하고 참고 기다리라
그들은 끊어져 없어지리니
네가 자세히 살펴도 없으리로다

악인이 의인을 치고 그를 향해 이를 갈고
칼과 활로 가난자, 궁핍자, 정직자를 죽이고자 해도
그들 때문에 불평치 말고 주만 바라보아라
주께서 그들을 비웃으면 그들의 끝날이 된다
그들의 칼은 오히려 그들의 양심을 찌르고
그들의 활도, 팔도 다 부러진다
그들은 멸망하고 불타 연기되어 없어진다

세상에 온통 악인들만 가득한 것 같아도
그들 때문에 불평치 말고 참고 기다려라
악인의 세력이 너무 커서
땅에 굳게 선 무성한 나무 같아도
순식간에 말라 없어졌나니
아무리 찾아도 발견하지 못하였도다
그들은 멸망하여 끊어질 뿐이라
 [시 37:1, 2, 7-10, 11-15, 17, 20, 35, 36, 38]

의인에 대한 하나님의 돌보심

의인은 여호와께서 붙드시는도다
그들의 기업은 영원하리로다
그들은 환난 날에 수치 당치 아니하고
기근의 날에도 풍족할 것이라

여호와께서 의인의 길을 기뻐하시나니
그가 넘어져도 아주 엎드러지지 아니함은
주께서 그의 손을 붙드심이로다
그는 주의 복을 받아 땅을 차지하며
그의 자손이 은혜받아 형통하리라

여호와께서 정의를 사랑하시고
그의 성도를 영원히 보호하신다
하나님의 법을 마음에 간직한 자를
항상 붙들어 실족치 않게 하신다
그를 악인의 손에 버려두지 않고
사망의 계곡서 건지신다

의인들의 구원은 여호와께로부터 오나니
여호와는 환난 날에 그들의 요새시라
여호와께서 그를 도와 건지시니
그가 구원하심은 그를 의지한 까닭이라
여호와를 바라고 그의 도를 지켜라
그리하면 항상 평안의 길이 열리리
[시 37:17-19, 23-26, 28-29, 30-33, 37, 39-40]

오직 주만 바라봅니다

나의 범죄로 인하여
주가 노하여 나를 책망하시고
주의 분노로 나를 징계하십니다
주의 화살이 나를 찌르고
주의 손이 나를 심히 누릅니다

나의 죄로 말미암아
내 뼈에 평안함이 없습니다
내 죄가 넘쳐서 무거운 짐 같습니다
내 상처가 썩어 악취가 나나이다
나는 종일토록 슬픔 중에 다닙니다
내 허리, 내 살이 상처 투성이입니다
나의 마음이 불안하여 신음합니다
내 기력이 쇠하여 눈이 빛을 잃었습니다
내 친구도 친척도 다 달아났습니다

내 모든 소원은 주님께 있습니다

원수가 나를 죽이려고 음모 꾸미나

나는 일체 아무 대응도 않고

오직 주만 바라봅니다

나는 나의 탄식을 주님께 올립니다

나는 나의 죄로 항상 근심이 가득합니다

나는 내 죄를 주께 아뢰고 심히 슬퍼합니다

여호와여, 용서하시고 사하소서

나를 버리지 마소서

나를 멀리하지 마소서

나를 속히 도우소서

나의 주 하나님, 나의 구원이시여

[시 38:1-22]

나의 소망은 오직 주께 있나이다

여호와여
나의 종말과 연한이 언제까지입니까?
나로 그것을 알게 하사
내가 나의 연약함을 절실히 깨닫게 하소서
주께서 내 날을 한 뼘 길이 되게 하시니
내 일생이 영생하시는 주 앞에는
아예 없는 것 같습니다
인생은 그가 든든히 서 있는 때에도
진실로 모든 것이 허사뿐입니다
예나 아무것도 아닙니다
각 사람은 아무 생각 없는 그림자 같이 다니고
헛된 일로 열 올리고 소란하며
재물을 쌓으나 누가 취할는지 알지 못하니
진실로 불쌍하고 처량합니다
주께서 인생의 죄악을 책망, 징계하실 때에
그의 영화를 좀먹음 같이 소멸시키시니
참으로 인생이란 다 헛될 뿐입니다

주여

사정이 이럴진대 내가 무엇을 바라리요

나의 소망은 오직 자비하신 주께 있나이다

오직 주만 나의 유일한 희망봉입니다

주는 나의 모든 죄에서 나를 건지시며

우매한 자의 욕을 당치 않게 하십니다

주는 나의 죄를 용서하사

주의 징벌을 나에게서 옮기십니다

주는 나의 기도 들으시며

나의 부르짖음에 귀 기울이십니다

주는 나의 눈물 보고 잠잠하지 않습니다

주는 내가 알 수 없는 나의 남은 날에

건강, 평강으로 채워주십니다

선한 목자 되어 천국으로 나를 이끄십니다

[시 39:4-13]

여호와께서 내 부르짖음을 들어주셨도다

여호와께서 내 기도에 귀를 기울이사
나의 부르짖음을 들어주셨도다
그가 나를 기가 막힐 웅덩이와
깊은 수렁에서 끌어올리시고
내 발을 든든한 반석 위에 두사
내 걸음을 견고하게 하셨도다
셀 수도 없는 많은 기적을
우리 위해 기꺼이 행하셨도다

나는 진정 감사함으로
새 노래 곧 하나님께 올릴 찬송을
내 입으로 날마다 부를 것이라
나는 주의 뜻 행하기를 즐기매
내 심중에 있는 주의 법을 지킬 것이라
내가 입을 열어 의의 기쁜 소식을 전하리라
내가 주의 공의, 성실, 구원, 인자, 진리를
많은 회중 가운데서 선포하리라
나는 주의 긍휼을 믿고 날마다 기도하리라
[시 40:1-11]

주의 긍휼을 내게 베푸사

여호와여
주의 긍휼을 내게 베푸사
주의 인자와 진리로
항상 나를 도우소서
어떤 재앙, 죄악이 나를 둘러싸고 덮쳐도
나를 붙들어 낙심치 말게 하소서
주의 은총을 내게 베푸사
나를 구원하소서
속히 나를 도우소서

나의 주 여호와여
내 생명을 찾아 멸하려 하는 자는
수치, 낭패, 패망을 당케 하시며
나의 해를 기뻐하고 좋아하는 자는
다 물러가 욕, 슬픔을 당케 하소서
나를 향해 큰소리로 조소하는 자는
자기 수치에 놀라 자빠지게 하소서

여호와 나의 하나님이여
나는 주를 기쁨으로 찾으오니
항상 주 안에서 즐거워하고 기뻐하게 하소서
나는 주의 구원을 감사하고 사랑하오니
언제나 "여호와는 위대하시다" 외치게 하소서
나는 가난하고 궁핍하오나
주는 나의 도움, 건지시는 자시라
나의 주 하나님이여
지체치 말고 속히 내게 임하소서
[시 40:11-17]

가난한 자를 보살피는 자는 복되도다

가난한 자를 무시, 압제하는 악한 자들이
스스로 잘한다고 자랑하고 으시대나
그들은 여호와의 침을 당하리
거지 나사로 무시하던 부자처럼
지옥에서 물 한 방울 없어서
구걸하는 신세 되리

가난한 자를 보살피는 자는 복되도다
재앙의 날에 여호와께서 그를 건지시며
그를 지키사 안전히 살게 하시리니
그는 이 세상에서 복을 받을 것이라
주는 그를 원수들의 손에 맡기지 않으시고
그를 병상에서 붙드사 고쳐 주시리
그는 항상 건강과 평강을 누리리
[시 41:1-3]

하나님을 갈망하고 그에게 소망을 두라

내 하나님이여
내가 전에 기쁨과 감사의 소리로 예배하고
사람들을 하나님께로 인도하였는데
지금은 그것을 기억만 할 뿐이니
내 마음이 크게 상합니다
내가 원수의 압제로 쫓겨나 피신해 있으니
내 영혼이 내 속에서 낙심이 됩니다
내 속에 큰 슬픔이 가득합니다
모든 환난의 파도와 물결이 나를 휩쓸었으니
내 영혼이 너무 지치고 피곤합니다
내 대적이 나를 비방하여
늘 '네 하나님이 없다' 하니
그것은 내 뼈를 찌르는 칼 같습니다
내 눈물이 주야로 흘러내립니다
내 반석이신 하나님이여
어찌하여 나를 잊으셨습니까

아무리 그래도 내 영혼아
네가 어찌하여 낙심하며
어찌하여 내 속에서 불안하여 하는가
너는 하나님께 소망을 두라
그가 나타나 나를 도우시고 건지시리니
그의 인자하심을 밤낮으로 베푸시리니
내가 여전히 내 하나님을 찬송하리라
내 생명의 하나님께 기도하리라

나의 하나님이여
사슴이 시냇물을 찾기에 갈급함 같이
내 영혼이 주를 찾기에 갈급합니다
내 영혼이 하나님 곧 살아계시는 하나님을
간절히 갈망합니다
내가 언제 하나님께 나아가서
빛나는 하나님의 얼굴을 뵈올 수 있습니까
[시 42:1-11]

나를 건져 주가 계신 성산에 오르게 하소서

하나님이여
경건치 않은 자의 불의한 송사를
굽어살피사 변호해 주시고
진리와 정의로 판단하여
간사한 자, 불의한 자에게서
속히 나를 건지소서
주는 전능의 능력과 큰 사랑으로
어떠한 경우도 나를 버리지 않고
악한 원수의 억압에서 항상 구원하소서

나의 주 하나님이여
주의 광명한 빛과 참된 진리 보내어
어둠서 헤매는 나를 인도하시고
주가 계신 성산에 오르게 하소서
거기서 내가 주께 제단을 쌓고
나의 큰 기쁨의 하나님께
수금으로 찬양하겠습니다
주의 도우심을 찬송으로 감사하겠습니다
[시 43:1-5]

하나님이여, 주는 우리의 왕이시니

하나님이여, 주께서
우리 조상들의 날 곧 옛날에 행하신 일을
우리가 우리 귀로 다 들었습니다
주께서 주의 손으로 뭇 백성을 내쫓으시고
우리 조상들을 이 땅에 뿌리박게 하시고
번성하게 하셨습니다
이것은 우리 칼, 팔의 힘이 아니라
주께서 우리를 좋게 보고 기뻐하사
주의 오른손, 팔의 힘과 얼굴의 빛으로
이루신 기적입니다

하나님이여, 주는 우리의 왕이시니
곤궁한 우리에게 구원을 베푸소서
우리가 주를 의지하여 우리 대적을 누르고
주의 이름으로 그들을 밟게 하소서
우리는 우리 팔, 칼이 아니라
우리를 구원할 주의 능력 의지하여
원수들을 이기게 하소서
우리가 종일 구원하신 우리 왕, 하나님을 자랑하고
하나님의 이름에 영원히 감사케 하소서
[시 44:1-8]

이 모든 것은 우리의 죄악 때문이니

주께서 우리 군대와 함께 나아가지 않으시고
우리를 버려 욕을 당케 하시며
우리를 대적에게 패하여 탈취 당케 하시고
우리를 잡아먹힐 양처럼 넘기시고 흩으시며
헐값으로 팔아 가치없게 하시니
주께서 우리로 욕을 당케 하시고
조소와 조롱으로 놀림감 되게 하시며
우리를 사람들의 이야깃거리, 멸시거리 되게 하시니
주께서 우리를 승냥이의 처소로 밀어 넣고
사망의 음침한 그늘로 덮으시며
종일 죽임 당하고 도살할 양 같이 여김을 받게 하시니
나의 능욕이 종일 내 앞에 있으며
나의 수치가 내 얼굴을 덮었습니다

이 모든 것은 우리의 죄악 때문이니

우리가 통절히 회개하고 주를 앙망합니다

우리가 주를 잊지 않고 자비를 구하며

주의 언약을 지킵니다

우리는 담대하게 주의 길을 갑니다

결코 하나님의 이름을 잊지 않았습니다

주여, 깨소서, 일어나소서

우리를 영원히 버리지 마소서

얼굴을 내미시고 우리의 고난과 압제를 보소서

우리 영혼은 진토 속에 파묻히고 몸은 땅에 붙었으니

주여, 일어나 우리를 도우소서

주의 크신 인자로 우리를 속히 구원하소서

[시 44:9-26]

우리의 왕은 아름다워라

우리의 왕은 아름다워라
은혜를 입술에 머금으니
하나님의 은총을 입은 연고로다
왕은 정의, 공평, 선을 사랑하고
불의, 불공평, 악을 미워하신다
왕의 영화와 위엄이
용사들의 갑옷 되어 그들을 지킨다
그의 화살은 날카로워
원수의 염통을 뚫는다

왕의 옷은 몰약, 침향, 육계향 가득하고
상아궁에는 현악 소리 흘러나온다
왕후는 황금으로 꾸미고 왕의 오른쪽에 서도다
왕자들은 세상 만국을 다스린다
왕의 보좌는 영원하고 그 권세 만대에 이르리니
그 왕은 만왕의 왕 우리 주 그리스도
그의 이름이 만세에 기억되리라
온 세상 만민이 왕을 영원히 찬양하리라
세세토록 그를 경배하리라
 [시 45:1-9]

우리 왕의 아름다운 왕후

우리 왕의 왕후는
여인들 중에 뛰어나 아름다워라
그는 오빌의 금으로 꾸미고, 금옷을 입고
왕의 오른쪽에서 빛나도다
왕이 그 아름다움을 항상 사모하리라
왕은 그를 왕궁으로 인도하리니
거기서 그는 모든 영화를 누리리라
항상 왕을 주인으로 경배하리라

왕후의 시종 친구 처녀들도
왕께로 이끌려 갈 것이라
그들은 기쁨과 즐거움으로 축하하고
시중들며 섬기리라
두로의 딸들은 예물을 드리고
백성 중 부자들도 그 얼굴 보기 원하리라
수많은 예물 수레가 길을 메우리라
온 세상 처녀들이 부러워하고
우러러보며 박수치리라
[시 45:9-15]

하나님은 우리의 피난처, 힘이시니

하나님은 우리의 파난처, 힘이시니
환난 때에 만날 큰 도움이시라
그러므로 땅이 변하든지
산이 흔들려 바다 가운데 빠지든지
바닷물이 솟아나고 뛰놀든지
그것이 넘침으로 산이 요동할지라도
우리는 전혀 두려워 아니할 것이라

한 시내가 있어 그 줄기들이 나뉘어 흘러
하나님의 성, 곧 그의 성소를 기쁘게 하도다
하나님이 그 성중에 계시니
성이 요동치 아니할 것이라
새벽에 하나님이 우리를 도우시리로다
세상이 요란하나 주가 소리지르시니
땅이 녹아내리는구나
만군의 여호와께서 우리와 함께 하시니
야곱의 하나님은 우리의 산성이시로다

와서 여호와께서 하신 일들을 보라
주가 땅을 황폐케 하셨도다
주가 땅 끝까지 전쟁을 그치게 하시매
활을 꺾고 창을 끊으며 병거를 불사르신다
"너희는 가만히 있어
 내가 하나님 됨을 알지어다
 내가 뭇 나라 중에서 높임 받고
 온 세계 가운데서 영광을 얻으리라"
하시도다
만군의 여호와께서 우리와 함께 하시니
야곱의 하나님은 우리를 지키시는 산성이시로다
[시 46:1-11]

찬송하라 하나님을 찬송하라

온 세계 만민들아
박수치며 즐겁게 하나님께 외칠지어다
지존하신 여호와는 두려우시고
온 땅을 다스리는 큰 왕이시다
그가 만민을 우리에게
나라들을 우리 발 아래 복종케 하신다
우리를 기업으로 택하여
번영과 영화로 관 씌우신다
큰 영광을 그분께 세세토록 돌릴지어다

온 세상 만민들아
찬송하라 하나님을, 우리 왕을 찬송하라
지혜의 시로 그분을 찬송할지어다
하나님이 그의 거룩한 보좌에 앉아
온 세상 만백성을 다스리신다
만민이 모여와 그분의 백성이 된다
그는 우리의 방패, 산성이시다
그 하나님은 영원히 높임 받기에 합당하도다
그는 성도의 즐거운 함성 중에 올라가심이여
신나는 나팔 소리 중에 올라가신다
[시 47:1-9]

시온성

위대하신 우리 하나님의 성
큰 왕 곧 만군의 여호와의 성
거룩한 우리 주가 극진히 찬양 받으시는 곳
터가 높고 아름다워
온 세계 순례객 몰려 즐기는 곳
너희는 그 시온성을 돌면서 둘러보고
그 견고한 망대들을 세어보라
그 황금 보석 성벽을 자세히 보고
그 찬란한 궁전을 살펴서 만대에 전하라

하나님이 계시면서 우리의 요새가 되고
악왕들에게 놀람, 두렴, 떨림, 고통 주는 곳
바람으로 세기의 핵항모 깨뜨리는 곳
주의 인자, 정의, 영광 충만하고
심판으로 유다의 딸들에게 즐거움 주는 곳
하나님이 그 시온성 영원히 견고케 하신다
영원부터 영원까지 계신 하나님이
우리를 거기로 인도하신다
그 시온성은 우리의 영원한 낙원이로다

[시 48:1-14]

뭇 백성들아, 귀담아 들어라

사람들이 재물을 마치 하나님처럼
의지하고 자랑하나
스스로 축하하고 억지 칭찬 받으나
그 재물은 아무도 구원치 못해
생명의 속전이 너무 커
온 세상 재물 다 모아도
한 사람 것도 안 되기 때문이라
이것도 모르면 멸망하는 짐승 같도다

인생은 어차피 누구나 다 죽는 것
그의 아름다움은 소멸하고 죽음의 장막에 이르리
영원히 빛이 없는 흑암에 이르리
그때는 아무것도 가져가지 못하고
남에게 다 주고 떠나는데
자기 집은 영원히 대대에 이르고
자기 이름으로 등기 된 자기 것이라 하니
멸망하는 짐승처럼 어리석도다

뭇 백성들아

이를 귀담아 들으라

빈부귀천 누구나 다 들을지어다

이것은 참 지혜, 명철, 오묘한 말이라

이것을 깨닫는 자

환난의 날 두려워 않는다

부자보고 기죽지 않는다

나를 영접할 하나님으로 만족한다

[시 49:1-20]

항상 번제를 드림이 마땅하다

전능하신 이 여호와 하나님이
해가 비치는 온 세상을 호령하신다
아름다운 시온에서 빛을 비추신다
때로 삼키는 불, 광풍을 보내신다
그는 전능한 창조주, 온 우주의 왕이시다

우리 하나님께 항상 번제를 드림이 마땅하다
하나님은 어떤 제물도 가져가 먹지 않으나
그것을 아주 기뻐하신다
감사로 하나님께 제사를 드리며
그를 영화롭게 한 자를 건지시고 복주신다

그 하나님은 공의의 심판장으로
자기 백성, 성도를 심판하신다
그들의 제사를 판결하신다
"하나님의 말씀을 입에 담으면서
번제, 예배를 때마다 드리면서
악을 꾀하고, 악으로 달려간 죄가 넘치니
그 번제, 예배는 가증한 것이고
오히려 하나님을 멸시한 것이라" 언도하신다
[시 50:1-23]

Ⅲ. 네 짐을 여호와께 맡겨라

오 주여, 피 흘린 죄에서 나를 건지소서

하나님이여, 나는
어머니가 죄 중에서 나를 잉태하였고
내가 죄악 중에 출생하였습니다
무릇 나는 내 죄과를 아오니
내 죄가 항상 내 앞에 있습니다
나는 사람과 주께 범죄하여
주의 목전에 악을 행하였습니다
나는 무고히 피 흘려 사람을 죽였습니다

하나님이여, 주께서는
번제보다 상한 심령을 기뻐하십니다
상하고 통회하는 심령을 멸시하지 않습니다
주여, 내 죄악을 지워주소서
내 죄악을 말갛게 씻기시며 깨끗이 제하소서
우슬초로 나를 정결케 하소서
나는 뼈를 꺾고 주 앞에 엎드립니다
주의 얼굴을 내 죄에서 돌이키소서
오 주여, 피 흘린 죄에서 나를 건지소서

나의 주, 하나님이여
사함받은 내 속에 정한 마음을 새로 창조하시고
내 안에 정직한 영을 새롭게 하소서
나를 주 앞에 너그러이 받아주시고
주의 성령을 내게 머물게 하소서
주의 구원의 즐거움을 내게 회복시키시고
자원하는 심령을 주사 열심 내게 하소서
주의 은택으로 내게 선을 베푸시고
나의 성을 다시 쌓아 주소서

여호와 하나님이여, 그리하면
내가 범죄자에게 주의 도를 가르치고
내 혀로 주의 사랑을 높이 노래하겠습니다
내 입으로 주를 찬송하며 전파하겠습니다
항상 의로운 제사와 온전한 번제,
신령과 진리의 예배를 드리겠습니다
크고 살진 황소를 주의 제단에 드리겠습니다
 [시 51:1-19]

네가 어찌하여 악한 계획을 자랑하는가

포악한 자여
네가 어찌하여 악한 계획을 자랑하는가
네 혀가 심한 악을 꾀하여
날카로운 칼과 같이 간사를 일삼는다
너는 선보다 악을 사랑하며
의를 말함보다 거짓을 사랑한다
간사한 말로 남 해치는 말 좋아한다
너는 하나님을 전혀 의지하지 않고
오직 풍부한 재물만 의지하며
<u>스스</u>로 행한 악을 후원군으로 삼는다

그러니 의로운 하나님이 너를 영원히 멸하심이여
너를 붙잡아 네 장막에서 끌어내어
광명한 생명의 땅에서
네 뿌리를 뽑아버릴 것이다
너는 없어지고 보이지 않을 것이다
너는 보는 모든 자의 비웃음거리 될 것이다

그러나 의의 길을 가는 나는
하나님의 집에 있는 푸른 올리브나무 같구나
영원히 하나님의 인자하심을 의지하여
풍성한 선행의 열매를 맺으리라
주께서 이를 행하셨으므로
내가 영원히 주께 감사하고
주의 성도 앞에서 주의 이름을 사모하리라
 [시 52:1-9]

어리석은 자는

어리석은 자는
무지하여 "하나님이 없다" 하도다
그들은 지각이 없어 하나님을 찾지 않고
하나님을 절대로 부르지 않는다
오히려 "내가 하나님이다" 한다

어리석은 자는
선을 행하지 않는다
그들 중에는 선을 행하는 자
없으니 한 사람도 없도다
그들은 부패하여 더러운 자가 되고
가증한 악을 거침없이 행한다
그들은 하나님의 백성을 대항하여 진치며
그들을 떡 먹듯이 먹는다

그러나 심판주 하나님이
그들을 버려 쓸모없이 해
큰 수치를 당하게 하고
그들의 뼈를 꺾어 사방에 흩는다
그때에 큰 두려움이 온 세상에 임한다
시온에서 하나님이 이스라엘을 구원하여
포로된 자리, 모든 속박에서 벗어나게 하도다
그때에 야곱이 즐거워하며
이스라엘이 기뻐하리로다

[시 53:1-6]

하나님은 내 생명을 붙들어 주시는 이시다

낯선 자들이 이유 없이 일어나 나를 치고
아무 상관없는 자들이 나를 물어뜯으며
하나님을 자기 앞에 두지 않는 포악한 자들이
내 생명을 수색합니다
하나님을 무시하고 대적하는 자들이
나의 원수되어 나를 죽이려 합니다

하오나 하나님은 나를 돕는 이시며
내 생명을 붙들어 주시는 이십니다
주여, 주의 이름으로 나를 구원하시고
주의 힘으로 나를 변호하소서
내 기도, 내 입의 말을 들으소서
주께서는 내 원수를 신속히 멸하소서

참으로 주께서는 내 기도 들어
모든 환난에서 나를 건지시고
내 원수에게 보응하여 그들을 멸하셨습니다
그것을 내 눈으로 똑똑히 보게 하시니
내가 낙헌제로 주께 제사하며
선하신 주의 이름에 참으로 감사하옵니다
　[시 54:1-7]

내 원수는 나의 동료, 가까운 친구라

원수의 소리, 악인의 압제, 노한 핍박,
두려움, 떨림, 공포, 사망의 위험이
내게 이르렀도다
성내에는 강포, 분쟁, 죄악, 재난,
악독, 압박, 속임수가
가득하도다

내 원수는
어제의 나의 동료, 가까운 친구라
같이 재미있게 의논하며
함께 하나님의 집에서 다닌 동지이나
이제 그의 입은 우유보다 미끄러우면서
그 마음은 전쟁이요
그의 말은 기름보다 유하면서
실상은 마구 찌르는 칼이로다
그는 자기와 화목한 친구를 치고
서로 한 언약을 배반하였다
그는 실상 변하지 아니하며
하나님을 경외치 않는 자이다

내 마음이 내 속에서 심히 아프다

내게 비둘기 같이 날개가 있다면
멀리 날아가서 편히 쉬리라
아무도 없는 광야서 혼자 머무르리라
나의 피난처로 속히 가 폭풍과 강풍을 피하리라

나의 하나님이여
내 기도, 간구에 귀를 기울이소서
내 탄식 들으사 응답하소서
나의 부르짖음 들으사 나를 구원하소서
저녁, 아침, 정오에 내가 근심으로 하는 탄식
들으사 원수들을 낮추소서
사망이 갑자기 그들에게 임하여
산 채로 스올에 내려가게 하소서

네 짐을 여호와께 맡겨라
그가 너를 붙들고 영원히 요동치 않게 하시리라
그가 나를 대적하는 자 다 치고
내 생명 구하여 평안케 하셨도다
그는 내 원수가 파멸의 웅덩이에 빠지게 하셨도다
피를 흘리게 하여 속이는 자들은
그들의 날의 반도 살지 못할 것이나
주를 의지하는 자는 영생하며 평안을 누리리라
[시 55:1-23]

네 짐을 여호와께 맡겨라

나는 수고하고 무거운 짐 진 자다
나는 날마다 수고한다
내 수고는 끝이 없다
나는 무거운 짐을 지고 간다
너무 무거워 엎어질 것 같다
그러나 쉴 수도 없다
인생은 참으로 고해다

여호와께 가서 그 짐을 맡겨라
그 무거운 짐 지고 허덕이는 나에게
주가 말씀하신다
"어서 속히 내게로 오라
 네 무거운 짐 벗어 내게 맡겨라
 네 주의 온유, 겸손 배워라
 나의 멍에 메고 나의 짐을 져라
 내 멍에는 쉽고 내 짐은 가볍다"
네 짐을 여호와께 맡겨라

그리하면

너의 마음이 힘을 얻으리니

참 평안과 기쁨이 넘치리라

주가 너를 붙드시고

너의 요동함을 영원히 허락지 않으시며

너를 확실히 굳게 세워주시리라

[시 55:22; 마 11:28-30]

요낫 엘렘 르호김(〈성전서〉 멀리 있는 비둘기)

악한 사람이 나를 삼키려고
종일 치며 압제합니다
내 원수가 나를 삼키려고
교만하게 치며 죽이려 합니다
그들이 사악한 생각으로
언제나 내 말을 곡해합니다
그들이 내 생명을 엿보아 노리고
숨어서 내 발자취를 지켜봅니다
나는 성전서 멀리 있는 비둘기입니다

나는 두려움이 올 때마다
나를 도우시는 주님을 의지하고
주의 말씀을 찬송합니다
내가 전능자 하나님을 의지하였은즉
혈육의 사람이 내게 어찌하리
모든 두려움 물러갑니다
하늘의 평강이 찾아옵니다
나는 주님 품 속의 비둘기입니다

나의 하나님이여
나의 유리함을 주께서 계수하시고
나의 눈물을 주의 병에 담으소서
주께서 분노하사 악인들을 낮추소서
내가 아뢰는 날에
내 원수들이 물러가 패망하게 하소서
하나님이 내 편이심 알게 하소서

주께서 내 생명을 사망에서 건져
나로 하나님 앞, 생명의 빛에 다니게 하시려고
나를 실족지 않게 하셨습니다
내가 하나님을 의지하여
그의 말씀을 찬송합니다
내가 주께 서원하며
감사제를 주께 드립니다
 [시 56:1-13]

하나님이여, 내게 은혜를 베푸소서

나를 삼키려는 자의 비방이
항상 나를 따르고
내 영혼이 사자들 가운데 살며
내가 불사르는 자들 중에 누웠으니
그들은 사람의 얼굴을 쓴 짐승이라
그들의 이는 창과 화살이요
그들의 혀는 날카로운 칼이로다
그들이 나를 잡으려고 그물을 치고
나를 죽이려고 웅덩이를 팠습니다

하나님이여
내게 은혜를 베푸소서
내게 은혜를 베푸소서
나는 그들을 피하여 동굴에 있습니다
내 영혼이 주께, 주의 날개 그늘 아래
이 재앙들이 지나기까지 피합니다
내가 지존하신 하나님께
나를 위해 모든 것을 이루시는 하나님께
간절히 부르짖습니다
주는 하늘에서 굽어 살피시고
인자와 진리로 나를 구원하소서

하나님이여

내 마음이 확정되었고

내 마음이 확정되었사오니

내가 노래하고 찬송합니다

내 영광아, 깰지어다

비파야, 수금아, 깰지어다

내가 새벽을 깨우리로다

내가 만민 중에서, 뭇 나라 중에서

주께 감사, 찬송하리이다

주의 인자가 커서 나를 확실히 구원하고

주의 진리는 궁창에 이르며

주는 하늘에 높이 들리시며

주의 영광이 온 세계 위에

찬란히 빛나기 때문입니다

[시 57:1-11]

새벽에 깨리라

새벽은
어둡고 힘든 때
만물이 곤히 잠든 때
그 새벽은
고요한 침묵의 때

그래서 그 새벽은
바스락 소리도 들리는 때
내 가냘픈 기도 소리
하나님이 다 들으시고
하나님의 세미한 음성
우둔한 내가 다 듣는다

그래서 그 새벽은
하나님과 깊은 교통의 시간
내 작은 정성, 사랑이 올라가고
하나님의 크신 사랑, 복이 쏟아진다

그래서 그 새벽에 깨리라

새벽을 깨우리라

잠든 세상, 교회

침묵하는 정의, 진리를

깨어나게 하리라

 [시 57:8]

너희 독사의 자식들아

통치자들아
너희가 정의로 정치해야 하거늘
어찌 사악하게 하느냐?
재판관들아
너희가 올바르게 판결해야 하거늘
어찌 굽게 하느냐?
너희가 중심에 악을 행하며
너희 손으로 폭력을 행사하는도다
너희는 모태에서부터 멀리 떠나
나면서부터 곁길로 가버렸다
거짓말쟁이가 돼버렸다

그런 너희는 독사, 독사의 새끼로다
마음에는 독사의 독을 품고
귀를 막은 귀머거리 독사라
어떤 권고, 충고도 아랑곳없이
악의 길로 달려가는 폭도로다
너희 독사의 새끼들아
곧 임박한 하나님의 진노가
너희 머리 위에 임할 것이다

여호와 하나님이여
그들의 이를 꺾으소서
사자의 어금니를 꺾으소서
그들이 유수같이 사라지고
겨누는 화살이 꺾임 같게 하시며
달팽이, 만삭 되지 못한 아이 같이
어둠 속에서 사라지게 하소서
가마에 불붙은 나무가
강풍에 휩쓸려 감 같게 하소서

나는 악인의 보복 당함 보고
기뻐하리라
나의 발을 악인의 피에 씻으리라
진실로 의인에게 갚음이 있고
심판주 하나님이 악인을 심판하신다
[시 58:1-11]

나의 하나님이여, 나를 건져 높이 드소서

나의 하나님이여
나의 원수가 나를 칩니다
그는 피 흘리기를 즐기고
나의 생명을 해하려고 엎드려 기다리며
저문 때에 개처럼 울고 다닙니다
그는 입으로는 악을 토하고
저주와 거짓말이 흘러 넘치며
입술에는 칼이 솟아 마구 찌릅니다

나의 하나님이여
깨어 살펴주옵소서
나를 건져 높이 드소서
나를 건지시고 구원하소서
만군의 하나님 여호와여
악한 나라들을 벌하소서
악인들에게 은혜를 베풀지 마소서
그들을 단번에 죽이지 마시고
사방으로 흩으시고 낮추소서
포로로 잡혀가게 하옵소서
미친 개처럼 울며 돌아다니게 하소서
종국에는 없어지기까지 소멸하소서

주께서 그를 비웃고 조롱하며
나로 그가 보응 받는 것 보게 하시며
먹을 것 찾아 헤매다 굶어 죽게 하십니다
하나님은 나의 요새, 피난처이시니
내가 주께 피하고 의지합니다
주는 나의 힘이시니
내가 주를 노래하고 찬송합니다
새벽에 주의 인자를 높이 찬양합니다
[시 59:1-17]

지금 우리를 회복시키소서

하나님이여
지금 우리를 회복시키소서
우리에게 내린 틈을 메우소서
우리가 정신차리게 하소서
주를 경외하는 자에게 깃발을 주시고
진리 위해 그 깃발 달게 하소서

하나님이여
주의 오른손으로 우리를 구원하소서
다시 우리를 "내 것, 내 머리의 투구,
나의 규"라 하소서
우리 군대와 함께 나아가사
우리를 도와 대적을 치게 하소서
우리의 대적을 확실히 짓밟게 하소서
우리가 전능자 하나님을 의지하고
용감하게 나아가 승리하겠습니다
[시 60:1-12]

나의 기도, 부르짖음을 들으소서

주는 나의 피난처
원수를 피하는 견고한 망대시라
내가 영원히 주의 장막에 거하며
주의 날개 아래 피합니다
그 그늘 속에 숨습니다

하나님이여
나의 기도, 부르짖음을 들으소서
내 마음이 약해질 때에
어디서나 부르짖을 뿐입니다
나는 영원히 하나님 앞에서 거하리니
인자와 진리로 나를 보호하소서

주 하나님이여
주께서 나의 서원을 들으시고
주를 경외하는 나에게 기업을 주셨습니다
주께서 왕인 나에게 장수하게 하시고
그 왕권이 대대에 이르게 하십니다
그 영화가 여러 대에 이르게 하십니다

주의 은총 차고 넘치니
내가 주의 이름을 영원히 찬양하고
대대로 주께 영광을 돌리리라
매일 매일 나의 서원을 이행하리라
 [시 61:1-8]

하나님은 우리의 자굴산(闍崛山)

의령 칠곡 자굴산은
우뚝 솟아 높은 성문의 망대
경남 중앙서 내려다보고 살핀다
도민들 잘 지내는가
난리 나면 올라가 숨는 피난처
6·25 사변 시 많은 사람 거기 가
목숨 건졌다

하나님은 우리의 자굴산
하나님은 우리의 견고한 망대
너무 높아 하늘까지 닿았다
감찰하시는 하나님이 거기서
온 세상 내려다보고 살피신다
자기의 어린 양들 잘 지내는가
그 망대 견고하여
피하는 자 누구나 지켜준다
절대 안전하다
영생을 얻는다
[시 61:3]

주) 闍: 성문의 망대(성대), 崛: 우뚝 솟아 높다, 山: 뫼.

내 영혼아, 잠잠히 하나님만 바라라

넘어지는 담과 흔들리는 울타리 같은
미약한 나를 죽이려고
너희가 일제히 공격하는구나
너희는 나를 높은 자리에서
떨어뜨리기만 꾀하고
온갖 거짓을 행하는구나
너희 입으로는 미소와 축복이요
속으로는 음흉한 저주로다

그러나 다행히도
하나님은 나의 반석, 피난처, 요새시요
나의 구원, 영광, 반석, 피난처는 하나님께 있도다
나의 소망이 오직 그로부터 나오는도다
모든 권능은 하나님께 속하였다
하나님은 풍부한 인자로
각 사람이 행한대로 갚으신다

내 영혼아, 아무리 어려워도 흔들리지 말고

잠잠히 하나님만 바라라

입김, 속임수 같은 인생 겁내지 말고

그 인생이 즐기는 포악, 재물, 탈취물 의지하지 말고

오직 스스로 하나님만 의지하고

그의 앞에 마음을 토하라

[시 62:1-12]

아 슬프도다, 인생이여

인생은 입김이다
입김은 그저 나와서 연에 사라진다
더운 때는 보이지도 않는다
전혀 무게가 없으니
있어도 없는 것이나 마찬가지다

인생은 그 입김보다 못하다
자기 실상 전혀 모르니
그는 천년만년 영원히 산다 큰소리 치고
언제나 자기 존재 과시하며
자기 무게가 지구보다 무겁다 여긴다

인생은 속임수다
인생이 해 아래서 하나님 없이 하는 모든 일들
다 헛되고 거짓되다
모든 것이 다 허언이다
참으로 헛되고 헛되도다

인생은 구제불능이다
실상이 그런데도 깨닫지 못하고
타인에게 포악을 일삼고
재물에만 온 마음 두고
탈취물로 즐기고 허망해지니
아, 슬프도다, 인생이여

아, 슬픈 인생이여, 제발
모든 권능 가진 전능주 하나님께
각자 행한대로 갚으실 심판주 하나님께
어서 속히 손들고 항복하라
그의 인자를 힘입어 구원을 받으라
[시 62:9-12]

주는 나의 도움이 되셨음이라

주는 나의 도움이 되셨음이라
환난 날에 만난 큰 도움이시라
나의 영혼을 찾아 멸하려는 자들에게서
주의 오른손이 나를 붙들어 구원하시고
그 사악한 원수들을
칼의 세력의 적이 되게 하여
땅 깊은 곳에 쳐넣고
그 거짓의 입이 막히게 하셨다

하나님이여
주는 나의 하나님이시라
내가 간절히 주를 찾되
메마르고 황폐한 땅에서
내가 주를 갈망하며 앙모합니다
내가 주의 권능과 영광을 보기 위해
주의 성소에서 주를 바라봅니다
내가 침상에서 주를 기억하며
새벽에 주의 말씀을 묵상합니다

주의 인자가 생명보다 나으므로
나는 하나님을 즐거워하리니
내 입술이 주를 찬양할 것이라
나의 평생에 손을 들고 주를 송축하리라
내 영혼이 만족한 가운데
나의 입이 기쁜 소리로 주를 찬송하리라
내가 주의 날개 그늘에서 즐겁게 부르리라
꿈에도 소원이 늘 찬송하리라
[시 63:1-11]

나는 여호와께 피하리니

악한 자들이 날카로운 칼 같이
자기 혀를 연마하여
독화살같이 악독한 말로 겨누고
음침한 곳에 숨어 온전한 자를 쏘며
갑자기 쏘고 두려워하지 않는다
그들은 악한 목적으로 뭉쳐
남몰래 올무 놓기를 함께 의논하고
'아무도 모른다. 우리가 묘책을 세웠다.' 하니
그들의 마음과 속 뜻이 참 천박하다

나는 여호와께 피하리니
나의 하나님이여
내 근심 소리 들으시고 원수의 두려움에서
내 생명을 보존하소서
악한 자들의 음모에서 나를 숨겨 주시고
악인들의 소동에서 나를 감추어 주소서
나는 주님만 바라고 의지합니다

정의의 하나님이 그들을 쏘시리니
그들이 갑자기 화살에 상하리로다
그들이 순식간에 엎드러지리니
그들은 악한 혀의 보응을 받음이라
그들을 보는 자가 다 머리를 흔들리라
따르는 자들이 다 도망하리라

그들을 보는 모든 사람이 겁을 내고
하나님이 하신 심판을 선포하며
그가 하신 일을 깊이 생각하리라
나는 여호와로 말미암아 기뻐하며
하나님을 자랑하고 찬양하리라
[시 64:1-10]

주의 뜰에서 살게 하셨으니

나는 죄악에 졌습니다
나는 죄 속에 빠졌습니다
기도를 들으시는 주여
내가 주께 나아와 용서를 빕니다
내 허물을 사하소서
깨끗이 씻어 정결케 하소서

주께서 나를 택하시고 가까이 하사
주의 뜰에서 살게 하셨으니
내가 주의 집 곧 성전에 거하면서
그 아름다움에 만족하고 취합니다
내가 시온에서 주를 찬송하오며
나의 서원을 주께 이행하겠습니다

내가 주의 집 곧 성전에서
나는 주 안에
주는 내 안에 거하여
사랑의 교제 나누니
나는 참으로 복 받은 사람이라
감사하고 찬송할 뿐이라
[시 65:1-4]

다 즐거이 외치고 기쁨으로 노래합니다

우리 구원의 하나님이시여
의를 따라 엄위하신 일로 우리에게 응답하사
오대양 육대주 모든 사람이 의지케 하시고
전능의 능력으로 산을 세우고 띠를 띠시며
바다의 설렘과 물결의 흔들림을 잔잔케 하시고
만민의 소요까지 진정하시나이다
땅 끝에 사는 자가 주의 징조를 두려워하고
조석이 바뀜을 즐거워하게 하십니다
그 모든 것 통하여 우리를 구원하여
소망의 항구로 이끌어 가십니다

우리 은총의 하나님이시여
풍부한 강수로 온 땅을 적시어
뿌린 씨앗 싹 나고 자라 많은 열매 맺게 하시어
골짜기는 곡식으로 가득 덮였으니
초장은 양 떼로 옷입었으니
주의 들, 초장에 기름방울이 떨어집니다
모든 사모하는 심령에 성령의 기름이 흘러넘칩니다
이는 주의 은택으로 한 해를 관 씌우심이라
다 즐거이 외치고 기쁨으로 노래합니다
  [시 65:5-13]

와서 하나님이 행하신 구원을 보라

와서 하나님이 행하신 구원을 보라
주의 구원의 일이 매우 엄위하시도다
주의 큰 권능으로 말미암아
주의 원수가 떨고 주께 복종하며
그 권능으로 사람의 아들들을 살리셨도다
그 구원은 하나님이 바다가 육지되게 하여
우리가 걸어서 건너게 한 것이라
주가 우리 영혼을 살려 실족지 않게 한 것이라
주께서 우리를 시험하여 단련하시기를
은을 단련함 같이 하는 것이라
그물에 걸리고 무거운 짐 지고 가는
우리 머리 원수들이 밟고 가나
우리가 불과 물 통과하여
풍부한 곳에 이르게 하셨도다
주가 주의 능력으로 영원히 다스리시며
주의 눈으로 나라들을 살피시는도다

온 땅이여

하나님께 즐거운 소리를 낼지어다

그의 이름의 영광을 찬양하고

영화롭게 찬송할지어다

온 땅이 주께 경배하고 주를 노래하리이다

만민들아

기쁨 중에 우리 하나님을 송축하며

찬양 소리를 크게 들리게 할지어다

입으로 부르짖고 혀로 높이 찬송하라

구원하신 하나님을 찬송하라

나는 번제물로 나의 서원을 주께 갚고

숫양의 향기 어린 살진 것으로 제사 드리며

수소와 염소도 드립니다

하나님이 나의 영혼을 위해 행하신 구원을

내가 만민 중에 선포하리라

항상 하나님께 회개하며 부르짖고

주의 인자를 구하리라

[시 66:1-20]

주의 얼굴 빛을 우리에게 비추사

하나님의 얼굴에는 빛이 넘친다
그 찬란한 빛 온 우주 밝히고
온 세상 어두움 물러가게 한다
천국에서, 우리 마음에서 찬란히 비친다
우리가 그 빛 받으면 해같이 빛난다

하나님이여
그 주의 얼굴 빛을 우리에게 비추사
우리에게 은혜와 복을 주시고
주의 도, 구원을 모든 나라에게 알리소서
민족들을 법대로 공평히 심판하시며
땅 위의 나라들을 정의와 진리로 다스리소서
땅이 풍부한 소산을 내게 하사
우리에게 복이 넘치게 하소서

하나님이여, 그리하여
모든 민족들이 주께 감사하고, 찬송하게 하소서
온 백성이 기쁘고 즐겁게 노래하게 하소서
우리가 하나님을 경외하게 하소서
우리가 늘 "할렐루야" 외치게 하소서
[시 67:1-7]

하나님은 모두에게 자유와 평강을 주신다

하나님이여
일어나셔서 주의 원수들을 몰아내시고
주를 미워하는 자들이 도망치게 하소서
연기가 날려 가듯이 그들을 흩으소서
거역하는 자들은 메마른 땅에 살게 하소서
밀랍이 불 앞에서 녹음 같이
악인이 하나님 앞에서 멸망하게 하소서

자기의 거룩한 집에 계신 하나님은
고아의 아버지시며 과부의 재판장이시다
하나님은 고독한 자가 가족과 함께 살게 하시고
갇힌 자들을 이끌어 내어 형통케 하신다
모두에게 자유와 평강을 주신다

의인은 기뻐하여 하나님 앞에서 뛰놀며
기뻐하고 즐거워할지어다
하나님께 노래하며 찬양하라
광야에서 행하시던 분을 위하여 대로를 수축하라
그의 이름은 만군의 여호와시니
그 앞에서 춤추며 뛰놀지어다
 [시 68:1-6]

하나님이 높은 산 바산의 산에 계심이여

하나님이 광야에서 행진하셨을 때에
땅이 진동하고 시내산도 진동하였으며
하늘이 하나님 앞에서 떨어졌도다
주께서 흡족한 비로 회중을 살게 하셨고
생명의 말씀까지 주셨도다

하나님의 병거는 천천이요 만만이라
전능하신 하나님이 여러 군대의 왕들을 흩으실 때에
다 도망하고 도망하였도다
그들은 살몬의 눈이 날림 같았다
이스라엘은 여자들까지도 탈취물을 나누도다
그 날개, 깃을 금은으로 입혔도다

하나님이 높은 산 바산의 산에 계심이여
높은 산들아 시기하지 말지어다
여호와께서 이 산에 영원히 계시리로다
주께서 그중에 계심이 시내산 성소에 계심 같도다
주님이 최고 높은 곳으로 오르시어
사로잡은 자들과 전리품을 취하셨도다

[시 68:7-18]

우리의 구원이신 하나님

우리의 구원이신 하나님은
날마다 우리 짐을 져주신다
죄의 짐
고난의 짐
삶의 짐
사명의 짐
다 져주신다

우리의 구원이신 하나님은
우리가 죗값으로 온 사망에서 벗어나
참 생명으로 들어가게 하신다
주를 믿는 자 모두에게
영생을 주신다

우리의 구원이신 하나님은
우리의 원수의 머리를 쳐서 깨뜨리신다
우리가 완전히 승리케 하시고
우리 집의 개도 전리품을 취하게 하신다
그 하나님은 우리의 왕이시라
성소로 행차하여 영광을 받으신다

우리의 구원이신 하나님을
날마다 찬송할지로다
소고치는 처녀들
악기를 연주하는 자들
노래 부르는 자들
다 모두 큰 소리로 찬양하라
대회 중에 주를 송축할지어다
 [시 68:19-27]

온 누리에 평화를 주신다

이스라엘의 하나님이 우리에게 큰 힘 주시고
우리에게 행하신 구원을 견고하게 하신다
애굽과 온 세계 만국을 꾸짖으시고
전쟁을 즐기는 족속을 흩으시며
온 누리에 평화를 주신다
세계의 지도자들이 주를 향하여
그 손을 신속히 들고 환영한다
주께 능력과 위엄을 돌린다
온갖 진귀한 예물을 바친다

온 땅의 왕국들아
하나님께 노래하고 찬송할지어다
하늘을 타신 자에게 찬송하라
자기 백성에게 힘, 능력 주시는 주께
찬송하고 찬송할지어다
구원하시고 평강 주시는 주께
영원히, 세세토록 찬양할지어다
[시 68:28-35]

나의 모진 고난, 주님께 아룁니다

나는 깊은 수렁에 빠지고 깊은 물에 빠지니
큰 물이 내게 넘친다
그 물들이 내 영혼까지 삼켰다
무조건 나를 미워하는 자가 머리털보다 많고
나를 끊으려는 원수가 너무 강하다
내가 주를 위해 비방 받았나니
주를 비방하는 비방이 내게 미쳤나니
수많은 수치가 내 얼굴을 뒤덮었다
나는 나의 형제에게서까지
객이 되고 낯선 사람이 되었다
내가 곡하고 금식하며
회개하면서 굵은 베옷을 입은 것도
원수의 비방 거리, 말 거리가 되었다
재판관이 재판석에서 나를 비난하며
독주에 취한 무리가 나를 노래로 조롱한다
그들이 쓸개를 나의 음식물로 주고
목마를 때에는 초를 마시게 한다
비방이 나의 마음을 상하게 하여
탄식과 근심이 충만하나
나를 불쌍히 여길 자
긍휼히 여길 자 하나도 없다

나의 하나님이여

나를 구원하소서

나는 부르짖음으로 피곤하고

하나님을 바람으로 내 눈이 쇠하였습니다

나는 주 앞에 진심으로 회개합니다

주를 바라고 찾는 자들이

나로 인해 수치, 욕 당치 말게 하소서

주 나의 하나님이여

내가 주께 부르짖어 기도하오니

많은 인자와 구원의 진리로 내게 응답하소서

나를 수렁에서, 깊은 물에서 건지소서

그것들이 나를 삼키지 못하게 보호하소서

여호와 우리 주 하나님이여

주의 인자로 내게 응답하시며

주의 긍휼 따라 내게로 돌이키소서

주의 얼굴을 주의 종에게서 숨기지 마시고

환난 중에 있는 내게 응답하소서

주는 나의 비방, 수치, 능욕 다 아시며

나의 대적들이 다 주 앞에 있나이다

[시 69:1-21]

원수들을 향한 저주

하나님의 다스림을 받는 성도들을
핍박하고 모진 고통 가하는 원수에게
주의 분노를 쏟아 부으시고
맹렬한 노를 내리소서

그들의 밥상이 올무가 되고
그들의 평안이 덫이 되게 하소서
그들의 눈이 아무것도 보지 못하며
그들의 허리가 항상 떨리게 하소서
그들의 거처가 황폐해지고
그들의 장막에 사는 자가 없게 하소서

그들의 죄악에 죄악을 더하사
그들의 죄악에 합당한 저주를 더하사
주의 공의의 세상에 들어오지 못하게 하소서
그들을 생명책에서 그 이름을 지우사
영원한 지옥의 자식이 되게 하소서
[시 69:22-28]

하나님이 나를 구원하여 높이신다

나는 가난하고 슬프오나
하나님이 나를 구원하여 높이신다
하나님을 찾는 내 마음을 소생케 하신다
여호와는 궁핍한 자의 소리를 들으시고
자기로 말미암아 갇힌 자를 해방시키신다
하나님이 시온을 구원하시고
유다 성읍들을 건설하시리니
우리가 거기 살리로다
주를 사랑하며 대대로 영원히 살리로다

내가 노래로 그 하나님의 이름을 찬송하며
감사함으로 '하나님은 위대하시다' 하리라
하나님은 그것을 황소보다 더욱 기뻐하신다
그것은 하나님께 드리는 최고의 제물이라
천지 만물아, 여호와를 찬송하라
바다와 그중의 모든 생물아, 여호와를 찬양하라
공중의 모든 새들아, 하나님을 노래하라
우주의 모든 해, 달, 별들아, 창조주를 높여라
[시 69:29-36]

나는 오직 주만 바라봅니다

하나님이여
나를 수렁에서 건지소서
여호와여
어서 속히 나를 도우소서
나는 가난하고 궁핍하오니
신속히 내게 임하소서
주는 나의 도움이시요
나를 건지시는 이시니
지체하지 말고 구하소서
나는 오직 주만 바라봅니다

나의 영혼을 찾아 해치려는 자들이
수치, 무안을 당케 하시고
나의 상함을 기뻐하는 자들이
물러가 수모를 당케 하소서
나를 비웃는 자들이 오히려
자기 수치로 도망가게 하소서
나를 집어삼키려는 모든 원수들이
자기 꾀에 빠져 망하게 하소서

주를 사모하여 찾는 모든 자들이
주로 인해 기뻐하고 즐거워하게 하시며
주의 구원을 감사하고 사랑하는 자들이
항상 "하나님은 위대하시다" 외치게 하소서
주를 의지하고 따르는 자들이
날마다 충성하고 헌신하게 하소서
[시 70:1-5]

나는 노쇠하여도 주를 믿고 찬양합니다

하나님이여
내가 늙어 어느덧 백발이 되었습니다
나는 늙어서 약해지고 병들어 쇠약해졌습니다
그러나 나는 모태에서부터 주님을 의지하였고
나는 어릴 때부터 주님의 교훈 받고
소망의 주님을 신뢰하였습니다
지금도 그 믿음은 결코 늙지 않았습니다

주님은 내가 항상 피할 바위시라
주님은 나의 구원의 반석, 지키시는 요새십니다
주님은 나의 견고한 피난처십니다
주 여호와는 나의 유일한 소망 되고
나를 위해 지극히 큰 일을 행하셨습니다
주는 우리를 죽음에서 다시 살려
땅 깊은 곳에서 이끌어 올리시며
더욱 창대케 하사 영생케 하십니다

나의 하나님이여
아무것도 모르는 나의 원수들이
"하나님이 그를 버렸으니
따라잡으라. 건질 자가 없다." 하면서

내 영혼을 엿보고 사로잡으려 합니다
완전히 멸망의 구렁텅이로 떨어뜨리려 합니다

여호와여
내가 주께 피하오니
나를 건지시며 구원하소서
흉악한 원수의 장중에서 피하게 하소서
나를 멀리하지 마시고 속히 나를 도우소서
나의 원수들이 수치, 욕, 멸망을 당케 하소서

내 원수를 멸하고 나를 구원하신 여호와여
내가 측량할 수 없는 주의 공의와 구원을
내 입으로 종일 전하고
주의 능하고 기이한 행적을 밝히 나타내겠습니다
주의 힘, 능력을 후대의 모든 사람에게 꼭 전하겠습니다
나의 혀는 종일토록 주의 의를 읊조리겠습니다
주를 찬송함과 주께 영광 돌림이
종일토록 내 입에 가득하고
소망 중에 항상 주를 더욱 더욱 찬송하며
내가 비파와 수금으로 주의 성실을 찬양하겠습니다
내가 주를 찬양할 때에
주께서 지으신 나의 입술이 기뻐 외치며
주께서 속량하신 내 영혼이 즐거워하리이다
 [시 71:1-24]

이상적인 멋진 왕

이상적인 멋진 왕, 그는
하나님의 지혜로운 판단력
법에 따르는 하나님의 공의 받아
약하고 가난한 사람을 변호하고
궁핍한 사람의 자녀를 구하며
권세자, 압제자를 꺾는다
그의 나라에는 억울자, 특권층이 없다

이상적인 멋진 왕, 그는
하나님이 주시는 애심, 긍휼심 받아
부르짖는 궁핍자 건지고
도울 자 없는 가난자 구하며
약자, 천한 자의 생명 구한다
압제, 폭력에서 그들을 건지고
그들의 피를 귀히 여긴다
그의 나라에는 사랑, 긍휼이 넘친다

이상적인 멋진 왕의 나라에는
산들이 백성에게 평강을 준다
그의 치세 동안 의가 번성하며
항상 평강이 풍성하다
사방의 모든 왕이 그 앞에 엎드리고
모든 민족이 그를 섬긴다
백성이 그를 위해 항상 기도하고
온종일 그에게 복을 빈다
땅에 곡식이 풍성하고 물결치며
그의 이름이 영원히 해와 같이 빛나리라
홀로 놀라운 일을 행하시는 하나님을
송축하는 소리가 온 땅에 넘치리라
 [시 72:1-19]

악인의 종말을 깨달으라

악인들은 죽을 때도 고통 없고 강건하다
고난도 재앙도 그들을 비켜간다
그러므로 그들은
교만 목걸이 걸고 강포 옷 입고
소득이 많아 살찜으로 눈이 솟아났다
능욕하며 악하게, 거만하게 말한다
입은 하늘을 대적하고 혀는 땅을 해친다
악해도 항상 평안하고 재물은 불어난다

하나님이 어떻게 아는가?
지존자에게 무슨 지식이 있는가?
나는 넘어질 뻔, 미끄러질 뻔하였다
악인이 형통하고 오만자가 잘 되니, 이게 웬 일인가?
나는 잘못마다 재난, 징벌 받았다
내가 깨끗이, 무죄하게 한 것이 실로 헛되도다
나도 그들처럼 말하고 행해도 되는가?
이에 대한 나의 고민은 내게 심한 고통이라

인자야, 악인의 종말을 깨달으라
그들은 참으로 미끄러져 파멸한다
그들은 갑자기 황폐되어 전멸하니 모두가 놀란다
하나님이 그들을 아예 멸시하신다
주를 멀리하고 떠난 그들을 주께서 다 멸하신다
그들은 다 함께 지옥에서 신음한다

내가 하나님의 성소에 들어갈 때에사
그들의 종말을 내 양심이 깨달으니
내가 참으로 우매무지하여 짐승과 같습니다

이제 내가 내 오른손을 붙드시는 주와 함께 합니다
영광으로 나를 영접하실 주의 교훈을 따릅니다
온 천지에서 내가 사모할 분은 주님뿐입니다
나는 쇠약하나, 주는 내 마음의 반석, 영원한 분깃입니다
하나님을 가까이함이 내게 복이라
내가 주 여호와를 나의 피난처로 삼아
사는 날 동안에 주의 모든 심판과 구원의 행적을
만민에게 다 전파하리이다
 [시 73:1-28]

어찌하여 주께서 우리를 영원히 버리십니까

주의 대적이 주의 회중 가운데서
떠들며 자기들의 깃발을 세웠습니다
그들은 주의 백성을 도끼로 삼림을 베듯 하였습니다
도끼와 철퇴로 성소의 모든 조각품을 부수고
주의 성소를 불사르고 더럽혔습니다
이 땅의 하나님의 모든 회당을 불살랐습니다
"우리가 그들을 진멸하자" 외칩니다
우리의 미래의 표적은 보이지 않고
인도할 선지자도 더 이상 없으며
이런 일이 언제 끝날지 아무도 모릅니다

하나님이여
어찌하여 주께서 우리를 영원히 버리십니까
어찌하여 주께서 주의 양에게 진노하십니까
주여, 주의 기업으로 삼으신 주의 회중을 기억하시며
주의 처소인 시온산도 생각하소서
원수가 언제까지 주의 이름을 비방, 능욕하리이까
주께서 어찌하여 주의 손을 거두십니까
이제는 주의 능력의 손을 빼사 그들을 멸하소서
[시 74:1-11]

주는 예로부터 우리의 구원의 왕

주는 전능한 창조주
오직 말씀으로
온 천지, 해, 빛 지으셨다
낮 밤, 여름 겨울 정하시고
땅의 경계를 정하여
각 민족이 살게 하셨다

그 주는 예로부터 우리의 구원의 왕
주께서 능력으로 바다를 나누고
연약한 이스라엘은 통과케 하시고
강한 애굽 군대는 수장시켰다
광야에서 이스라엘에게 만나, 메추라기를 먹이고
바위를 쪼개어 생수 주셨다
주는 우리의 생명떡, 생명강수이다

그 주를 원수가 비방하며
우매자들이 주의 이름을 능욕합니다
여호와여, 이것을 기억하소서
주의 대적들의 떠드는 소리를 잊지 마소서
주께서 하신 언약을 눈여겨 보소서
주의 가난한 자의 목숨을 잊지 마소서
학대받은 자, 가난한 자, 궁핍한 자가
주의 이름을 찬송케 하소서
 [시 74:12-23]

때가 되면 바르게 심판하리라

온 세상의 심판주이신 주가 말씀하신다
"내가 때가 되면 바르게 심판하리라
 정의의 기둥은 내가 세웠다
 악인들은 큰소리쳐도 다 소멸되리라
 오만하게 행하지 말라
 거만한 뿔을 높이 들지 말라
 교만한 목으로 말하지 말라
 재판장인 내가 이를 낮추고 저를 높인다
 땅의 모든 악인은 내가 쏟아내는 진노의 잔을
 찌꺼기까지 다 마시리라"

하나님이여
우리가 주께 감사하고 감사합니다
주의 심판이 가까우니, 더욱 감사합니다
나는 심판주 하나님을
영원히 선포하며 찬양합니다
악인들의 뿔을 베고 의인들의 뿔을 높이 드니
목소리 높여 찬양하고 찬양합니다
 [시 75:1-10]

Ⅳ. 그의 이름은 평강의 왕이라

마헬살랄하스바스

마헬살랄하스바스
이사야의 아들
다메섹, 사마리아 멸망의 상징
노략, 멸망이 속함
다메섹, 사마리아는 꼭 속히 망해
그 땅에 죄악이 가득하니
앗수르로 인해 갑자기 그리 되다

마헬살랄하스바스
김일성의 손자 김정은
핵무기 갖고 칼춤추는 망나니
파멸 향해 달리는 기관차
평양 공산정권 꼭 속히 망해
죄악, 포악 온 땅에 가득하니
정의의 천사 속히 응징하리라

마헬살랄하스바스

이 땅에 가득한 어둠의 자식들

하나님은 없다, 죽었다 하고

온갖 죄악, 비리, 파렴치 연출하며

우리는 망치 않고 번창해

우리가 하나님이다 외치니

진노의 유황불 속히 쏟아지리

[사 8:1-4]

주〉 마헬살랄하스바스: 노략이 속함

그의 이름은 평강의 왕이라

한 아기가 우리에게 났고
한 아들을 우리에게 주셨는데
그의 어깨에는 모든 정사를 메었다
그의 이름은
기묘자, 모사,
전능하신 하나님,
영존하시는 아버지,
평강의 왕이라

그는 만군의 여호와의 열심으로
그 정사와 평강이 무궁케 하며
다윗의 왕좌와 나라를 굳게 세우고
영원히 정의, 공의로 보존하여
평강, 화평이 넘치게 하리라

평강의 왕의 통치로
고통받던 자들에게는 흑암이 없어지고
멸시당한 자들에게는 영화가 넘친다
흑암에 행하던 백성이 큰 빛을 보고
사망의 그늘진 땅에 거한 자에게 빛이 비취도다
멍에, 채찍, 막대기가 꺾어져
창성케 되어 즐거움이 더하게 될지라
싸우는 군인의 신발, 피 묻은 겉옷이 불태워져
평화가 온 누리에 가득하리라

[사 9:1-7]

평화의 나라

평화의 나라 왕은
이새의 뿌리에서 난 싹
그 뿌리서 난 한 가지
그의 위에
여호와의 영
지혜와 총명의 영
모략과 재능의 영
지식, 여호와 경외의 영이
늘 함께 한다

평화의 나라 왕은
여호와 경외함을 즐거움으로 삼고
눈에 보이는 대로, 귀에 들리는 대로
심판, 판단치 아니한다
공의로 가난한 자를 심판하고
정직으로 겸손한 자를 판단하며
입의 막대기, 입술의 기운으로 악인을 죽인다
공의, 성실을 몸의 띠로 삼는다

그 왕이 다스리는 평화의 나라는
이리가 어린 양과 함께
표범이 어린 염소와 함께
송아지와 어린 사자와 살진 짐승이 함께
어린 아이에게 끌리며
암소와 곰이 함께 먹고
그것들의 새끼가 함께 엎드리며
사자가 소처럼 풀을 먹는다

젖 먹는 아이 젖 뗀 아이가
독사의 구멍, 굴에서 논다
그 나라 모든 것에서 해됨, 상함이 없나니
이는 물이 바다를 덮듯이
여호와를 아는 지식이
온 세상에 충만할 것이기 때문이라
[사 11:1-9]

남은 백성이 돌아오리라

그날에 이새의 뿌리에서 한 싹이 나서
만민의 기치로 설 것이요
사방에서 남은 자들이 돌아오리니
그들이 거한 곳이 영화로우리라
그날에 주께서 다시 그의 손을 펴사
남은 자들을 바다 섬들에서 돌아오게 하실 것이라
주께서 이스라엘의 쫓긴 자들을 모으시며
땅 사방에서 유다의 흩어진 자들을 모으시리라
여호와께서 하수를 쳐 일곱 갈래로 나누어
남은 자들이 건너가게 하실 것이라
그의 남은 자들을 위하여
큰 길이 있게 하기를
홍해가 갈라지듯 하게 하시리라
 [사 11:10-16]

감사, 찬송

온 세상 성도들아
여호와께 감사하라
그의 이름을 소리 높여 부르고
그의 행하심을 만민에게 선포하며
"이스라엘의 거룩하신 분은 위대하시다"
그의 이름이 높다 외쳐라

여호와는 극히 아름다운 일을 행하셨나니
진노를 거두고 안위를 주셨으며
멸망에서 구원을 베푸셨다
내가 신뢰하고 두려움이 없으리니
주 여호와는 나의 힘, 노래, 구원이시라
내가 기쁨으로 구원의 우물들에서 물을 길으리라
[사 12:1-4]

아침의 아들 계명성, 떨어진 마귀, 사탄

너 아침의 아들 계명성이여
어찌 그리 하늘에서 떨어졌으며
너 얼굴을 엎은 마귀, 사탄이여
어찌 그리 땅에 찍혔는가?

내가 하늘에 올라 뭇 별 위에
내 자리를 높이리라
내가 북극 집회의 산 위에
위엄있게 앉으리라
가장 높은 구름 위에 올라가
지극히 높은 이와 같아지리라

그 교만이 너를
스올 곧 구덩이 맨 아래에 떨어지게 하였다
자기 무덤서 내쫓겨
가증한 나뭇가지 같이 되게 하고
칼에 찔려 처박힌 주검들에 둘러싸인
짓밟힌 시체 같게 하였다

그러나 너는 악을 더하여
땅을 진동시키고 열국을 놀라게 하며
세계를 황무하게 하고 성읍을 파괴하며
사로잡힌 자를 놓아주지 아니한다
땅을 망하게 하고 무고한 백성을 죽인다
그런 너는 영원히 저주를 받으리라
[사 14:12-20]

아, 슬프다, 아리엘이여

슬프다
아리엘이여
너무 슬프다
아리엘이여
다윗의 진 친 성읍이여
이스라엘의 중심인 예루살렘이여
내가 너를 괴롭게 하리니
너는 슬퍼하고 애곡하리라
내가 너를 둘러 진을 치며
너를 에워 대를 쌓아 치리니
네가 낮아져서 땅에서 말하며
네 말소리가 나직이 티끌에서 나리라
아, 슬프다, 아리엘이여
너는 망하고 포로 되리라
그리 됨은 나를 반역한 너의 죄악 때문이라

그럴지라도
네 대적은 세미한 티끌
날아가는 겨 같으리라
그들은 흔적도 없이 사라지리라
　[사 29:1-8]

패역한 백성은 망한다

패역한 백성
거짓말하는 자식들
여호와의 법을 듣기 싫어하는 놈들이
거침없이 말한다
선견자는 선견하지 말라
선지자는 바른 것을 보이지 말고 거짓된 것을 보이라
꾸짖지 말고 부드러운 말만 하라
바른 길을 버리며 첩경에서 돌이키라
거룩하신 하나님을 우리에게서 떠나시게 하라

이스라엘의 거룩하신 하나님이
그 죄악 보고 기가 차서 말씀하신다
불쑥 나온 담이 순식간에 무너짐 같이
토기장이가 그릇 깨뜨림 같이
너희는 무너지고 깨뜨려지리라
너희는 말타고 도망함 같이 도망하고
빠른 자들에게 쫓기리라
너희는 한 사람이 꾸짖으니 천 사람이 도망하고
다섯이 꾸짖은즉 다 도망하고
남은 자는 겨우 몇 사람뿐이리라
[사 30:8-17]

하나님을 기다리는 자마다 복이 있도다

하나님을 기다리는 자는 복이 있다
여호와 하나님은 정의의 하나님
온 세상을 정의와 공의로 이끄신다
그는 은혜, 긍휼 베푸시려 기다리고 일어나신다
부르짖는 소리에 응답하여 은혜 베푸신다
환난, 고생의 때에 스승을 보내 가르치신다
언제나 바른 길로 가도록 이끄신다
불결한 우상을 내던지게 하신다

하나님을 기다리는 자마다 복이 있도다
그 하나님은 땅에 비를 주사 곡식이 풍성케 하시고
가축이 광활한 목장서 맛있게 먹게 하시며
전쟁의 날에도 물이 흘러 넘치게 하신다
그는 자기 백성의 상처를 싸매시며
그들의 맞은 자리를 고치시리니
그날에 달빛은 햇빛 같겠고
햇빛은 칠배로 되어 눈부시게 빛나리라
[사 30:18-26]

의로 통치하는 왕

보라, 한 왕이 있다
그는 공의로 통치하고
정의로 다스린다
공정은 그의 영원한 통치 방침이다

그리하여 그 왕은 사람들에게
광풍을 피하는 곳
폭우를 가리는 곳
마른 땅에 냇물
곤비한 땅에 큰 바위 그늘이라

그 왕을 보는 자는 눈을 뗄 수 없고
그의 말을 듣는 자는 귀를 기울인다
그의 지도를 받는 자는 지식을 깨닫고
거짓을 버리고 바른 말을 한다
사악한 자를 "사악하다" 분명히 말한다
항상 존귀한 일을 계획하고 그것을 실천한다
[사 32:1-8]

광야에서 물이 솟고 사막에서 시내가 흐를 것이라

광야, 메마른 땅, 사막에
하나님이 오사 보복하며 갚아주시리라
죽어가는 자들을 구하시리라
그가 광야에서 물이 솟게 하겠고
사막에서 시내가 흐르게 할 것이라
그리하여 사막이 변하여 못이 되고
메마른 땅이 변하여 원천이 될 것이며
풀, 갈대, 부들이 날 것이라

그리하여 광야와 메마른 땅이 기뻐하고
사막이 백합화 같이 피어 즐거워하며
무성하게 피어 기쁜 노래로 즐거워하며
속량함을 받은 자의 머리 위에 희락이 있고
슬픔과 탄식이 사라지고
기쁨과 즐거움이 넘치리라
그들이 여호와의 영광 곧 그의 아름다움을 보리라

그때에 맹인의 눈이 밝을 것이며
못 듣는 자의 귀가 열리고
저는 자가 사슴같이 뛸 것이며
말 못하는 자의 혀가 노래하리라

거기에 대로, 곧 거룩한 길이 있어
깨끗하지 못한 자, 우매한 행인은 다니지 못하고
오직 구속함을 받은 자만 지나가리라
거기에는 사자, 사나운 짐승은 없고
오직 구속함을 받은 성도만 다니리라
[사 35:1-10]

내 말에 귀를 기울일지어다

너희 안일한 여인들아
일어나 내 목소리를 들을지어다
너희 염려 없는 딸들아
내 말에 귀를 기울일지어다

너희는 떨지어다, 당황할지어다
물질의 풍요로 타락하고
그로 오는 징벌, 황폐, 패망을 내다보고
옷을 벗어 몸을 드러내고
베로 허리를 동일지어다
통곡하고 애통할지어다

너희가 진심으로 회개하고 돌아오면
마침내 위에서부터 성령을 부어주시리니
광야가 아름다운 밭이 되며
아름다운 밭이 숲이 되리라
물가에 씨가 자라고, 소, 나귀가 누우리라
정의, 공의, 화평, 평안, 안전이 넘치리라
[사 32:9-20]

그는 존경받는 대통령이 되리

오직 공의롭게 행하는 자
공의, 정의를 실천하는 자
오직 정직히 말하는 자
거짓말은 입 밖에 내지 않는 자
오직 토색한 재물을 미워하는 자
남의 재물을 잘 지켜주는 자
오직 뇌물은 손 흔들어 받지 않는 자
어떤 청탁도 거절하는 자
오직 피 흘리려는 꾀를 귀 막아 듣지 아니하는 자
사랑을 베풀어 어려운 사람을 살리는 자
오직 눈을 감아 악을 보지 아니하는 자
죄악과의 전쟁을 벌이는 자

그는 높은 곳에 거하리
존경받는 대통령이 되리
그는 견고한 바위 요새에서
풍부한 양식과 물을 먹고 마시리
그는 자손대대로 번영하리
국민들의 진정한 존경을 받으리
[사 33:15, 16]

시온성을 보라

시온성을 보라
그 성은 안정된 평화, 평강의 처소인 예루살렘
그곳은 광활한 땅에 굳게 세워진 장막
그 말뚝은 영원히 뽑히지 아니하리라
그 줄은 하나도 끊어지지 아니하리라

시온성을 보라
그 성의 왕은 위엄 중에 계신 여호와
그 왕은 우리의 재판장이시라
그는 율법을 세우고 그 법대로 다스리시는 분
그러나 그는 사랑을 베풀어 우리를 구원하신다
그는 아름답고 자랑스런 우리의 왕이시라

시온성을 보라
그 성의 거주민은 왕의 은총으로 구원받은 자들
그들은 사죄받아 의인이 되었다
모든 고통, 질병, 사망에서 해방되었다
그들은 거기서 강포자를 떠나 두려움 없이 살며
승리자로 탈취물을 나누어 풍족하리라
그들은 대왕 여호와를 영원히 섬기고 찬양하리라
[사 33:17-24]

너희는 나아와 나의 말을 들어라

열국이여
너희는 나아와 들을지어다
민족들이여
내 말에 귀를 기울일지어다
땅과 땅에 충만한 것
세계와 세계에서 나는 모든 것이여
여호와의 말씀을 들을지어다

러시아의 독재자 푸틴이여
너는 나아와 들으라
네가 힘으로 약한 우크라이나를
겁박하고 침공하여 굴복시키려 하니
여호와의 칼이 네 피를 마시리라

미국의 바이든, 프랑스의 마크롱이여
너희는 내 말을 들어라
너희는 내가 준 큰 힘을 사용치는 않고
"우크라이나여, 힘내라"고만 하니
여호와의 손이 네 힘을 뺏으리라

환난 당한 우크라이나인이여
정의와 평화를 갈구하는 지구의 모든 거민이여
너희는 나아와 내 말을 들어라
나는 약한 자, 환난 당한 자의 편
내가 반드시 너희를 환난에서 건져내
시온에서 여호와를 찬양케 하리라
[사 34:1-15]

하나님이여, 들으소서, 보소서, 구원하소서

그룹 사이에서 영광 중에 계신
이스라엘 하나님, 만군의 여호와여
천하 만국에 유일하신 하나님이시여
천지를 만드신 전능한 창조주시여

귀를 기울여 들으소서
악인들이 하나님을 훼방한
모든 말을 들으소서
눈을 뜨고 보소서
악인들이 거침없이 저지르는
패악한 일들을 보소서

이스라엘을 노예로 삼아 압제한 애굽의 바로를,
열국을 황폐케 하고 이스라엘을 위협한 앗수르의 산헤립을
단숨에 멸하여 이스라엘을 구원하신 하나님이시여
오늘도 온 세상을 불꽃 같은 눈으로 살피시는 여호와여

우크라이나를 침공하여 살상하는 러시아의 푸틴을,
핵무기로 동족을 위협하는 북한의 김정은을,
이 땅에서 상식, 공의, 정의를 말살하는 파렴치범들을,
시뻘건 죄악의 산불을 퍼뜨리는 악마를
다 멸하여 우리를 구원하소서
그리하여, 그렇게 하여
이땅에 평화를 주소서
천하만국이 오직 주만 여호와이심을 알게 하소서
 [사 37:14-20]

내 백성을 위로하라

너희는 위로하라
내 백성을 위로하라
그들의 마음에 닿도록 따뜻이 말하라
그러나 크게 외쳐 말하라
온 세상이 알도록 큰소리로 말하라

그 노역의 때가 끝났다
저주와 징벌이 사라졌다
그 죄악이 다 사함을 받았다
이제 의인이 되고 성도가 되었다
그것은 주가 대신 벌 받은 때문이다
주는 십자가에서 죽임을 당하고
우리의 구주가 되었다
[사 40:1-2]

여호와 하나님의 행차시다

만왕의 왕 여호와의 행차시다
너희는 광야에서 그의 길을 예비하라
사막에서 그의 대로를 평탄케 하라
그가 기쁨으로 오시게 하라

영광의 왕 하나님의 행차시다
골짜기마다 돋우고
산마다, 언덕마다 낮추고
고르지 아니한 곳을 평탄케 하고
험한 곳이 평지가 되게 하라
그가 즐거이 오시게 하라

만왕의 왕, 영광의 왕이 나타나실 때
그의 위엄과 영광이 온 땅에 충만하고
모든 육체가 그것을 함께 보리라
너희는 기뻐하고 즐거워하리라
감사함으로 나아와 그를 영접하라
그가 와서 다스리게 하라
[사 40:3-5]

인생은 풀이나 하나님의 말씀은 영원히 선다

모든 육체는 풀이요
우리 모두는 실로 풀이로다
우리의 모든 아름다움은 들의 꽃이요
우리의 모든 영화는 실로 풀의 꽃이로다

여호와의 기운이 불어올 때
순식간에 풀은 마르고 꽃은 시든다
우리의 육체는 말라 비뚤어지고
우리의 아름다움은 시들어 추해진다

그러나 슬퍼하고 낙망치 말라
우리 하나님의 말씀은 영원히 선다
그 영원히 살아있는 말씀대로
우리의 영혼은 거듭나 영생을 누린다
언제나 찬란한 아름다움을 발한다
영원히 생명의 하나님을 찬양한다
[사 40:6-8]

소리높여 외쳐라

아름다운 소식을 시온에 전하는 자여
너는 높은 산에 오르라
너는 힘써 소리를 높이라
두려워하지 말고 소리높여 외쳐라
"너희의 하나님을 보라
 그 하나님이 어떤 분이신지 알고 섬겨라"

그 하나님은 장차
강한 자로 임하고
강한 팔로 다스리실 것이며
온 세상을 말씀으로 심판하신다
상급과 보응이 그에게 있다
영생과 영벌을 그가 결정하신다

그는 목자같이 양 떼를 먹이시고
어린 양을 팔로 모아 품에 안으시며
젖먹이는 암컷들을 온순히 인도하신다
그는 참 목자, 선한 목자로서
양들을 돌보시고 지키신다
그 양들을 위하여 목숨을 버리신다
 [사 40:9-11]

하나님을 누구와 비교할까?

그런즉 하나님을 누구와 비교할까?
아무도 감히 그와 비교할 수 없도다

그는 천지를 창조하신 분
만상을 수효대로 이끌어 내시고
그들의 모든 이름을 지으신 분
그의 권세와 능력은 무한하시다
그는 하늘을 차일같이 펴시고
거주할 천막같이 치시며
그 위에 앉으시나니
그 위엄이 온 우주에 가득하도다

하나님은 손바닥으로 바닷물을 헤아리고
뼘으로 하늘을 재고
되로 땅의 티끌을 다 담으며
저울로 산, 언덕을 달아보신다
그는 누구의 가르침도 없이 다 아신다

그에게는 열방이 한 방울 물과 같고
저울의 작은 티끌 같으며
섬들은 떠오르는 먼지 같도다
그의 앞에는 열방이 아무것도 아니라
그는 그들을 없는 것 같이, 빈 것 같이 여기신다

그에게는 땅의 사람들이 메뚜기 같으니라
그는 귀인들을 폐하시며
사사들을 헛되게 하시나니
그들은 그의 입김에 갑자기 말라
회오리바람에 불려가는 초개 같도다
 [사 40:12-26]

전지, 전능하신 여호와를 앙망하라

하나님 여호와는 영원하신 분
땅 이 끝에서 저 끝까지 다 창조하신 분
그는 언제나 온 세상을 다스리고 심판하신다
그러나 그는 전혀 피곤치 않으시며
조금도 곤비치 않으시고
그 명철은 한이 없으시다

그 전능하신 하나님 여호와는
피곤한 자에게는 능력을 주시며
무능한 자에게는 힘을 더하시나니
소년이라도 피곤, 곤비하며
장정이라도 넘어지고 쓰러지되
오직 그 여호와를 앙망하는 자는
새 힘을 얻으리니 그 기상이
독수리가 날개 치며 올라감 같고
달음박질하는 자가
힘차게 나아감 같으리라

야곱아, 이스라엘아
너는 이제 다 듣고 알았으니
하나님 여호와는 내 길을 모르고
내 송사를 외면하신다 하지 말라
전지전능하신 하나님 여호와는
너의 길과 나아감을 다 아시고
날마다 의의 길로 인도하시며
행함 따라 상 주시고 벌하신다
날마다 그 여호와를 앙망하라
[사 40:27-31]

만군의 여호와, 전능한 하나님께로

누가 이 일을 행하였느냐?
누가 다 이루었느냐?
누가 처음부터 만대를 불러내었느냐?
그분은 만군의 여호와, 전능한 하나님이라

섬들아, 그분 앞에 잠잠하라
민족들아, 힘을 새롭게 하라
가까이 나아와 말하라
'우리가 서로 그분의 재판 자리에 나아가자'

누가 사람을 공의로 나아가게 하느냐?
누가 열국을, 왕들을 다스리느냐?
누가 칼로, 활로 심판을 행사하느냐?
그분은 역사의 주권자, 정의의 하나님이라

섬들아, 보고 두려워하라
나라들아, 무서워 떨며 함께 모여라
각기 이웃을 도우며 격려하라
우상을 타파하라
그분이 기뻐하는 공의, 정의로 나아가라
[사 41:1-7]

두려워하지 말라

나의 종 이스라엘아
내가 택한 야곱아
나의 벗 아브라함의 자손아
예수로 구원받은 성도들아

두려워하지 말라
내가 너와 함께 하리라
놀라지 말라
내가 네 하나님이 되리라
내가 너를 굳세게 하리라
참으로 너를 도와주리라
참으로 나의 의로운 오른손으로 너를 붙들리라
언제나 내가 네게 임마누엘이 되리라
그런 너는 나로 말미암아
감사하고 찬양하리라

벌레 같은 야곱아

너희 이스라엘 사람들아

짐승같이 살아가는 인생들아

수고하고 고뇌하는 땅 위의 인간들아

두려워하지 말라

내가 너를 도울 것이라

네 구속자는 거룩하신 여호와시라

전능하신 하나님이 너를 버리지 아니하시리라

물이 없어 갈할 때에 생수를 주고

헐벗은 산에 강을 내며

골짜기 가운데에 샘이 나게 하고

광야와 마른 땅에 못을 내리라

그런 너는 나로 말미암아

즐거워하고 자랑하리라

[사 41:8-20]

보라, 주의 종을

보라
주가 붙드는 주의 종
주의 마음에 기뻐하는 자
주가 택한 사람
성령으로 나신 하나님의 아들
구세주 예수 그리스도

그는 외치지 아니하며
목소리를 높이지 아니하며
그 소리를 들리게 하지 아니하며
자신을 세상에 드러내지 않았다

그는 상한 갈대를 꺾지 아니하며
꺼져가는 등불을 끄지 아니하며
약한 자를 붙들어 주고
죽어가는 자를 살려주었다

그는 쇠하지 아니하며
결코 낙담하지 아니하고
기도로 갈등과 고뇌를 이기고
십자가로 승리하였다

그는 불의한 재판을 받아 죽었으나
하나님의 능력으로 부활하여
이 땅에 정의를 세웠다
정의의 승리를 가져왔다
그는 진실로 정의를 시행하고
만방에 정의를 베푸신다
그는 공정과 정의의 주인이시다
[사 42:1-4]

나는 여호와이니

나는 여호와이니
하늘을 창조하여 펴고
땅과 그 소산을 내고
땅 위의 인생에게 영과 호흡을 준다
나는 내 이름으로 맹세하노니
내 영광을 다른 자에게
내 찬송을 우상에게 주지 않으리라

나는 여호와이니
의로 너를 불렀고
네 손을 잡아 너를 보호하며
너를 세워 백성의 언약과
이방의 빛이 되게 하리라
너는 항상 나에게 영광을 돌리고
감사, 찬송하며 나아가라

나는 여호와이니

너는 내 앞에서 행하여 완전하라

눈먼 자들의 눈을 밝히며

갇힌 자를 감옥에서 이끌어내고

흑암에 앉은 자를 빛으로 나오게 하라

항상 긍휼과 자비를 베풀어라

너는 내 이름으로 공의와 진리를 시행하라

[사 42:5-9]

새 노래로 찬송하라

항해하는 자들아
만물과 섬들과 거기 사는 사람들아
여호와께 새 노래로 노래하라
땅끝에서부터 찬송하라

광야와 거기 있는 성읍들아
각 민족들이 사는 모든 나라들아
소리를 크게 높이라
노래하며 산꼭대기에서 즐거이 부르라

온 세상에 깨어 있는 주민들아
두려워 떨며 여호와를 찾는 자들아
여호와께 영광을 돌리며
각처에서 그의 찬송을 전할지어다

여호와께서 정의의 용사로 나가시며
무적의 전사로 크게 분발하여
외쳐 크게 부르시며 그 대적을 쳐서 멸하시리라
러시아를 치고 우크라이나를 구하리라
악인을 멸하고 선인을 살리리라
 [사 42:10-13]

너는 내 것이라, 내가 지키리라

나는 여호와 네 하나님
이스라엘의 거룩한 이
네 구원자라
내가 너를 창조하여
살게 하고 승리케 하리라
내가 너를 지명하여 불렀나니
너는 내 것이라
너는 두려워하지 말라

너는 내게 보배롭고 존귀하며
나의 지극한 사랑의 대상자
너는 내가 내 이름으로 부르며
내 영광을 위하여 창조한 자
나는 모든 것을 내주고 너를 지키리니
너는 내 것이라
너는 두려워하지 말라

나는 항상 너와 함께 하여
네가 바다 가운데로 지날 때에
강을 건널 때에
물이 너를 침몰치 못하게 하리라
네가 불 가운데로 지날 때에
타지도 아니하게
불꽃이 너를 사르지도 못하게 하리라
내가 항상 너와 함께 하여
너와 네 자손을 영원히 지키리라
너는 내 것이라
너는 두려워하지 말라

[사 43:1-7]

보라, 내가 새 일을 행하리라

너희는 이전 일을 기억하지 말라
옛날 일을 생각하지 말라
죄짓고 하나님을 반역하여
망하고 포로된 것
하나님을 떠나 헤매다가
구렁텅이에 빠진 것
이젠 다 잊어버려라

보라, 내가 새 일을 행하리니
이제 나타내리라
이제 너희의 죄악을 다 용서하고
내가 삭막한 광야에 길을
메마른 사막에 강을 내어
너희가 마시고 돌아가게 하리라
다시 나라를 세우게 하리라

들짐승 같은 이방인들도
여호와를 존경할지라
구원받은 너희는 나를 찬송하라
너희는 내가 나를 위해 지었나니
나를 찬송하게 하려 함이니라
이제 너희는 살아 돌아가서
자손 대대로 영원히 나를 찬송하라
 [사 43:18-21]

야곱아, 두려워하지 말라

나의 종 야곱아
내가 택한 이스라엘아
내가 너를 만들고
모태에서부터 지어내고
너를 도와주었다
너는 이제 들으라
너는 이제 두려워하지 말라

나는 목마른 너에게 물을 주며
마른 땅에 시내가 흐르게 하며
나의 영을 네 자손에게
나의 복을 네 후손에게 부어주리라
네 자손이 풀 가운데에서
시냇가의 버들같이 솟아나리라

너의 자손들은
"나는 여호와께 속하였다
 하나님이 택한 야곱의 자손이다
 이스라엘의 이름으로 존귀히 여김을 받으리라"
기록하고 자랑하리라
[사 44:1-5]

여호와는 이스라엘의 구속자이시니

야곱아, 이스라엘아
이 일을 기억하라
너는 내 종이니라
너는 내가 지은 내 종이니라
나는 너를 결코 잊을 수 없다

야곱아, 이스라엘아
네 허물을, 네 죄를
빽빽한 구름을, 짙은 안개를
순식간에 사라지게 함같이 하였으니
그리하여 너를 구원하였으니
너는 내게로 돌아오라

여호와는 이스라엘의 구속자이시니
하늘아, 노래하라
땅의 깊은 곳들아, 높이 부르라
산들아, 나무들아, 소리내어 노래하라
만물들아, 하나님의 영광을 드러내라
[사 44:21-23]

빛과 평안을 구하라

나는 빛을 원하고
평안을 찾는다
어둠을 싫어하고
환난을 미워한다

그러나 세상에는 언제나
빛과 어둠, 평안과 환난이
마구 뒤섞여 있다
내 삶에도 그건 마찬가지다

그것들을 짓고 창조한 분
알아서 집행하시는 이는 하나님이시니
그분에게 빛과 평안을 구하라
그분만이 그것들을 풍족히 주시리라
[사 45:7]

공의, 구원이 온 땅에 충만하라

하늘이여 위로부터
여호와가 창조한 공의를 뿌리라
공의의 눈발이 흩날리게 하라
구름이여 위에서
하나님이 지은 의를 부으라
의의 소나기가 쏟아지게 하라
공의의 강물이 도도히 흐르게 하라

땅이여 열려서
하나님이 직접 심은
구원의 씨앗이 싹트게 하고
공의도 함께 움돋게 할지어다
자라고 자라서 열매 맺게 할지어다
공의, 구원이 온 땅에 충만케 하라
모두가 공의와 구원을 누리게 하라
 [사 45:8]

강 같은 평강, 바다 물결 같은 공의

악인은 제 뜻대로 하고
제 욕망을 이루고
자기 마음이 편하리라 생각하여
온갖 악을 열심히 자행하나
여호와는 "평강이 없다" 하신다

의인은 여호와의 명령에 주의하고
그의 뜻을 이루려고 애쓰며
힘들고 고된 나날을 보내나
여호와는 그에게 "강 같은 평강"
"바다 물결 같은 공의"를 주신다
  [사 48:22, 18]

여호와께서 응답하셨고 도우셨도다

은혜의 때에 내가 네게 응답하였고
구원의 날에 내가 너를 도왔도다
내가 장차 너를 보호하여
나라가 되게 하여 땅을 주리라
내가 포로된 자에게 자유를
흑암에 있는 자에게 광명을 주리라

내가 너에게 먹을 양식을 풍족히 주고
더위와 햇볕에서 상하지 않게 하리라
내가 너를 긍휼히 여겨
샘물 근원으로 인도하리라
내가 너에게 대로를 열어
동서남북, 원근각지에서 오게 하리라

하늘이여, 노래하라
땅이여, 기뻐하라
산들이여, 즐거이 노래하라
여호와께서 그의 백성을 위로하고
고난 당한 자를 긍휼히 여기실 것임이라
성도들아, 여호와를 찬양하라
[사 49:8-13]

여호와여, 능력을 베푸소서

여호와의 팔이여
깨소서 깨소서
능력을 베푸소서
주는 옛 시대에
라합을 저미시고
날뛰는 용을 찔렀으며
바다의 깊은 물을 말려
이스라엘을 통과케 하여 구속하였습니다
주는 다시 우리에게 그 능력을 베푸소서

여호와여
주께 구속받은 자들이 시온으로 돌아와
기뻐하며 노래하게 하소서
영원한 기쁨이 그들의 머리 위에 있고
슬픔과 탄식이 달아나게 하소서
할렐루야
 [사 51:9-11]

우리의 위로자 여호와가 이르시되

너는 어찌하여
죽을 사람을 두려워하며
풀같이 사라질 사람의 아들을 겁내느냐?
너를 멸하려고 준비하는 저 학대자의 분노를
종일 항상 두려워하느냐?

나는 하늘을 펴고 땅의 기초를 정하고
너를 지어 내 백성으로 삼은 여호와라
바다를 휘저어서 그 물결을 뒤흔드는 만군의 여호와라
내가 결박된 포로를 속히 놓이게 하여
죽지도 않고 구덩이에 빠지지도 않고
양식이 부족하지도 않게 하리라
내가 내 말을 네 입에 두고
내 손 그늘로 너를 덮으리라
너는 두려워하지 말라
 [사 51:12-16]

좋은 소식을 노래하라

좋은 소식
복된 좋은 소식
평화의 소식
위로와 구원의 소식
하나님의 통치의 소식을
전하는 자는 발까지도 아름답도다
너무 아름다워 눈이 부시도다

그 소식의 주인공 여호와께서
시온으로 돌아오실 때에
파수꾼들이 눈을 마주 보고
소리 높여 일제히 노래한다
예루살렘의 황폐한 곳들이
기쁜 소리로 함께 노래한다
열방이 보고 크게 놀란다
[사 52:7-10]

죄악된 데서 나오라

너희는 떠날지어다
속히 떠날지어다
죄악된 데서 나오고
부정한 것을 만지지 말지어다
그 가운데서 나올지어다
거룩한 길을 갈지어다

여호와께서 앞에서 행하시고
하나님이 뒤에서 호위하시리니
너희는 황급히 나오지 아니하며
도망하듯 나오지 않으리라
언제나 절대 안전하리라
[사 52:11-12]

하나님의 종의 고난과 영광

보라, 내 종이 전에는 그의 모양이 타인보다 상하였고
그의 모습이 사람들보다 상하였다
채찍에 맞고 가시관에 찔리고
양손 양발에 못이 박혀
십자가에 달려 피를 흘렸다
쳐다보는 수많은 사람들 놀라고 놀랐다

보라, 내 종이 지혜롭게 행함으로
받들어 높이 들려서
지극히 존귀하게 되었다
죽음 이기고 부활한 후
영화로운 몸으로 승천하여
하나님 보좌 우편에 앉으셨다

그가 나라들을 놀라게 하고
왕들의 입을 봉하였다
그들은 전파되지 않은 것을 보고
듣지 못한 것을 깨달은 때문이라
그것은 바로 그의 고난과 영광
그로 말미암은 구원의 복음이다
  [사 52:13-15]